緊急事態回避!!

資金繰りがよくなる経営計画の作り方

著・監修 広瀬 元義

著 中小企業を応援する士業の会

あさ出版

はじめに

2020年以降、新型コロナウイルス感染症の拡大によって国内外の経済が深刻なダメージを受けました。こうしたことから、より緩やかな審査基準で企業の資金調達を支援する新制度が次々と打ち出されました。それらをうまく活用すれば、資金調達の幅が広がり、倒産のリスクを軽減できるでしょう。

しかし、首尾よく資金を確保できても、思うように売上が改善せず、利益も増えないとなれば、再び月々の支払いや返済に追われることになります。計画通りに返済できなければ、出資者は厳しい対応を取らざるを得ないため、以降の資金調達に悪影響を及ぼします。

逆に、借りたお金で利益を増やし、順調に返済を完了できれば、その後の資金調達がスムーズになり、経営が安定します。

つまり、今やるべきことは「堅実な経営計画のもとに資金を調達し、適切な運用によって利益を増やし、会社にお金を残す」ことです。制度を活用してどんどん会社のお金を増やし、その資金を計画的かつ効果的に事業に投じて会社を成長させながら、しっかりと返済していく。そうして、将来にわたって資金調達に困らない基盤を構築していく。今、その絶好のチャンスなのです。

これまで「会社の資金を増やす方法」を伝える本は、数多く出版されてきました。一方で「資金調達後、返済をスムーズに行う方法」を伝える本は、あまり目にしたことがありません。

そのため、本書では、次の内容を伝えるべく構成しました。

- 「潰れない会社」とは、どのような会社か？
- コロナ禍における新しい資金調達方法は？
- 経営数字から「会社の現状」を把握するためには？
- 「実効性ある経営計画」は、どのように作るのか？
- キャッシュフローを改善するポイントは？
- どのような専門家に相談するべきか？

これらは「今は資金繰りにそれほど困っていない」という会社にも、実行していただきたいと考えています。

なぜなら「今」や「今まで」が大丈夫でも、この先は同じではありません。去年の方法や、それ以前から長年続けてきたやり方は、もう通用しなくなる可能性が高いのです。

新しい資金調達方法を知り、これまでとは異なるお金の管理方法に挑戦してみてください。そして、この機会にぜひ、事業計画の見直しを行ってください。

コロナ禍によって、人々の生活や仕事のスタイルは大きく変わりました。その中で事業を推進し、生き残るためには、より強固な計画立案と実現性が求められます。事業が抱えている課題を余すことなく抽出し、改善計画を立てて、行動を起こしていきましょう。

今、やるべきことは何か。

この先も会社を存続させるために、経営者として会社の課題をしっかりと棚卸しして、取り組みましょう。

そうすれば、既存事業のスケールアップが実現し、これまで見えなかった新事業の可能性も発見できるかもしれません。

皆さまの会社が、計画通りの売上と利益を出せるようになり、キャッシュフローが改善して、資金繰りの悩みから解放されることを、心から祈っています。

なお最後になりましたが、本書をまとめるにあたり、「中小企業を応援する士業の会」の皆さまに執筆協力をいただきました。この場を借りて、あらためて感謝申し上げます。

2021年　7月

広瀬元義

目次

第2章 経営計画の作り方・活かし方

第3章 経営計画作成前に現状把握をしよう

第4章 お金の回し方

第5章 なぜ右肩上がりの会社ほど専門家に頼るのか?

〈巻末資料〉「お金を増やす」活動ノート

第1章

あなたのビジネスは必ず成功する

1 なぜ潰れる会社と潰れない会社に分かれるのか

コロナショックであらわになった経営課題

「潰れる会社」と「潰れない会社」の違いは、どこにあるのでしょうか。

売れる商品やサービス？　革新的な技術？　顧客の多さ？

それらも大事な要素に違いありませんが、決定打となるのは「変化に対応できること」です。

商品販売やサービス提供で十分な売上があり、多くの顧客を持ち、黒字経営であったとしても、数年後もその需要が続いているという保証はありません。さまざまな会社が新しい技術やアイデアで進出し、マーケットは刻々と変化しています。競争に勝ち続けるためには既存顧客を逃さず、新たな顧客を創造し続けなければいけませんが、それは決して容易ではありません。

さらに近年は台風や豪雨、地震等、企業努力では回避不能な自然災害が頻発しています。資産が被災して失ったとしても負債は残ります。

これらのことが他人事ではないと感じられる機会が、増えたのではないでしょうか。

２０２０年に起こった新型コロナウイルス感染症の世界的拡大は、この「変化」の最たるものと言えるでしょう。

これまで、商品の販売や営業、サービスの提供は、基本的に顧客との対面によって行われてきました。しかし現在は、感染防止のための非接触や、不要不急の外出の自粛が求められています。人々の生活様式が変革した「ウィズコロナ時代」が突如、到来したのです。

誰もが予想しなかった変化に、あらゆる業界がダメージを受けました。

たとえば航空業界では乗客が激減し、大幅な減便を余儀なくされました。その結果、２０２０年４月～12月の決算で、ＡＮＡホールディングスは３５００億円前後の赤字、日本航空（ＪＡＬ）は３０００億円前後の赤字になりました。その他にも飲食業をはじめとする「新型コロナウイルス関連破綻」は、累計１３６７件（２０２１年４月20日時点）にものぼっています。

このような状況においてＡＮＡとＪＡＬは、新たなサービスを打ち出しました。オリジナルグッズや限定メニューの機内食で顧客をもてなす周遊フライトを開催し、航空会社の新しいサービスとして話題を集めたのです。ＡＮＡはさらに国際線の機内食のネット販売、駐機中の機内でビジネスクラスまたはファーストクラスの食事やサービスが体験できるイベント等を次々と企画し、人気を博しています。

また、鯖江市の眼鏡フレームメーカーは、いち早く眼鏡職人の技術を活かしたフェイスシールドの開発に取り組みました。２０２０年５月には量産体制を整え、医療現場に貢献するためにフェイスシールド５０５０個、ゴーグル２０００個を福井県へ寄付し、年内に２００万個の供給体制を敷くと発表。その後、地方の中小・中堅企業が相次いでフェイスシールド生産に参入し、新たなマーケットは今日まで熱を帯び続けています。

このように、外的環境の変化によって経営が危機に陥った時、新しいアイデアで変化に対応できることが最善です。しかし、多くの企業の経営者は「〝今日〟をしのぐことに精いっぱいでそこまで考えは回らない……」と言います。

「創業時からずっとこの方法で会社を成長させてきた」

「コロナ禍はそのうち収まるから、無理に事業改革をする必要はない」

潰れる会社の社長は、このように従来のビジネスに固執する傾向があります。売上が落ちても積極的に事業の見直しを行わず、回復の手段を講じることなく、どんどん状況が悪化し、ついには倒産してしまうのです。

「事業を見直したり、変化に対応しろと言われても、具体的に何をしたらいいのかわからない」

という社長は多いのではないでしょうか。

そのためには、今こそ、ミッション（会社の役割・使命）やビジョン（事業の展望）を見直す必要があります。そのためにはどうしたらよいのでしょうか。

ビジョンとは、自社の役割や使命を活かしながら、その先にある将来を見つめ直すことです。

そのことによって創造性が生まれます。創造性は、新しい製品やサービスを開発し、新しいマーケットを開拓する力です。社員とともに創造性を持つ会社であれば、大きな変化が訪れても潰れることはないでしょう。

ですから社長が行うべきことは、会社の未来を考えることです。自社のミッションやビジョンを明らかにし、実現のための戦略を練り、具体的に計画書に落とし込んでいきましょう。

「会社のお金」を残して継続的に成長させる

社長の仕事は未来を考えることと、実はもう一つあります。

会社にお金を残すことです。

高い志を持って起業しても、その会社を維持するためにはお金が必要です。

中小企業白書（2020年版）によれば、2018年の起業数は約10万件です。一方、10年以上存続する会社は、その中の10％程度と言われています。つまり起業した会社の約9割が、10年後には「潰れる会社」になってしまっているのです。

倒産の経緯は千差万別ですが、多くは「お金」が原因でしょう。会社の資金繰りの見通しが甘いのです。

事業で得られる利益は、お金の循環によって生み出されるものです。商品やサービスを販売し、売上を回収し、売上から仕入代金の支払いや、家賃や人件費等の諸経費の支払いを行って、残ったお金が利益です。

売上の予測が外れて赤字になっても、会社にお金が残っていれば、諸々の支払いが可能です。しかし会社にお金がなく、銀行から借入ができなかった場合、会社は倒産の危機に陥ります。

では、利益さえあれば、赤字を作らなければ、倒産のリスクはゼロになるのでしょうか?

そうではありません。「黒字倒産」があります。

たとえば、2億円の契約が決まり、フル稼働で生産ラインを回して、自社商品を納品したとします。帳簿には売掛金として2億円が計上されますが、顧客からの入金は早くて1カ月後、通常は2カ月後以降であり、遅ければ半年後というケースもあり得ます。それでも、従業員の人件費、家賃、設備のリース代金等の固定費は毎月支払わなければなりません。材料代等の買掛金の支払いもあります。

この場合、帳簿の数字だけを見れば黒字です。しかし、商品の売掛金回収の前に、仕入代金等の買掛金の支払いが生じれば、「支払うための現金が手元にない」状態になり、やはり倒産してしまいます。

今回のコロナショックでは、飲食、旅行、観光、宿泊等、多くの業界で売上が激減しました。それでも事業を続けるには、店舗の家賃や人件費の支払いを行わなければなりません。極端に言えば「売上がゼロになっても一定期間は経営を維持できる程度のお金」を常に確保しておかなければ、対策を講じる前に潰れてしまうということです。

お金がなくなれば会社がなくなり、ビジョンの実現も露と消えます。

- 会社を存続させるために必要な利益はいくらか？
- その利益を出すためには、売上がいくら必要で、経費をどこまで抑えるべきか？

会社を潰したくなければ、この2点は必ず把握しておきましょう。

お金の仕組みがわからない社長が大半

「会社の存続には、お金を残すことが大事だということはわかった。でも、経理は苦手で……」

「経理の専門知識を一から勉強すると、時間がかかる。毎日忙しくて、そんな余裕はないから……」

ここまで読んで、そのような感想を抱いた方もいらっしゃるでしょう。

会社経営には幅広い分野の専門知識が必要ですが、その中でも「経理」もしくは「会計」は、とくに経営者が苦手とする領域のようです。売上の増減や通帳の残高は確認できても、6カ月後の自社のキャッシュフロー（お金の流れのこと。どれほど手元にお金が残っているかがわかる）がどうなっているか、なかなか正確には答えられません。

「毎日頑張って働いて、売上もあるのに、いつも支払いに追われて会社にお金が残らない。なぜだろう？」

それは、お金が循環する仕組みを理解しないまま、経営計画を立てずに事業を進めてしまっているからです。

計画を立てなくても売上が出て、利益が残ることはあるでしょう。それは幸運なことですが、確実に会社にお金を残すためには、しっかりとした計画を作って運用する必要があります。

時には、

「起業したのは儲けるためではなく、自分のやりたいことを実現したいからだ。だから、赤字にならなければ問題はない」

このように主張する社長もいらっしゃいます。

しかし、扱う商品やサービスが特許を得る等、「唯一無二のもの」でない限り、他社との競争に勝たなければ、新規顧客を生み出すことも、既存顧客を繋ぎ止めておくこともできません。顧客がいなければ売上は発生せず、利益も出ないため、事業を継続できなくなります。

利益がなければ、会社の存続は不可能です。そして利益を生み出すためには、どんぶり勘定ではなく、計画的にお金を扱う必要があるのです。

社長の通信簿は利益

起業したばかりの社長は、利益ではなく売上に注目する傾向があります。熱心に取り組んで一定の成果が出て、運とタイミングに恵まれて売上が右肩上がりになれば、事業の成功や成長を実感するでしょう。

しかし先述したように、どれほど売上があっても、会社にある程度のお金を残す資金繰りができていなければ、会社は倒産します。経営者の能力は売上ではなく、「潰れない会社」を作る力――すなわち利益によって測られるのです。

会社を潰さないためには、会社を維持するために必要な利益を把握し、その利益を確実に確保するための売上や経費を算出し、その数字を目標に行動し、達成しなければいけません。

利益目標を最初に決めて、そこから売上目標を決める。この順番はとても大事です。

「今期は商品Aを1000万個販売する。そうすれば売上が3億円になるから、粗利が2億円で……最終的に営業利益が2000万円になるはずだ」

これでは順序が違います。

「今期は営業利益2000万円を目指す」という利益目標を最初に決めて、そのためにはどの商品を何個販売すればいいのか、固定費をどれくらいに抑えるべきか、販売方法の見直しは必要か……等々を検討するのです。

これは、専門的な知識を要する難しい作業ではありません。一人暮らしのサラリーマンは、給料の振込み日と、家賃や水道光熱費の引き落とし日を把握し、通帳の残高が不足しないように支出を調整しています。高額商品を分割払いで購入する時は、月々の手取りから生活費を差し引いた残金を見て、いくらまで費やせるかを検討するでしょう。

個人のお金と組織のお金では扱い方が異なりますが、これまでの人生でも行ってきた計算の応用と思えば、少しはハードルが下がるのではないでしょうか。

変化に対応できる企業文化をつくる

成長するかどうかは経営者の考えひとつ

前節で、社長は「変化に対応できる会社」づくりが大事であり、その前提としてビジョンを明らかにする必要があると説明しました。10年後も潰れることなく成長し続ける会社でいられるかどうかは、変化に対応可能な創造性ある企業文化の涵養（かんよう）がカギとなります。

たとえば、どちらの社員が「潰れない会社」の社員だと思いますか？

A：与えられた作業やノルマを粛々とこなし、業務に対する余計な口出しを一切し

ない、従順で扱いやすい社員

B：自分の意見を積極的に発言し、他者の意見も取り入れて、前例のない業務改善や新規事業に取り組もうとする社員

Aの社員は、上司の機嫌を損ねないため、疑問に思うことがあっても社内では自分の意見を口にせず、ひたすら担当業務に集中します。仕事は「生活費を稼ぐための手段」としか捉えていないため、そこに自己実現や社会貢献の喜びはありません。与えられた役割を果たし、報酬として給料を受け取る。会社と社員はそれだけの関係かもしれません。

そのような社員が多い会社は、大きな変化が起こった時、組織としての脆弱性が露わになります。起死回生の策となる新しいアイデアや、影響を最小限に抑えるための建設的な意見等が、社員から一切出てこないためです。

コロナショックで潰れてしまった会社は、社長や幹部が有効な対処方法を見いだせず右往左往しているうちに、将来に不安を感じた社員が離散してしまい、「もう無理だ」と社長が判断した——このような流れが多いのではないでしょうか。

一方、Bの社員は、経営が安定した会社であれば「余計なことをしようとする面倒な社員」と思われるかもしれません。ですが、継続的に成長している会社は、多くの社員が現状に甘んじることなく、次のステージを目指す姿勢を持っています。

「積極的に意見交換ができるよう、風通しの良い環境を目指そう」

「顧客のため、ビジョン実現のために、さまざまな可能性を検討しよう」

「会社とともに、自分自身も成長していこう」

このような企業文化を持つ会社であれば「苦しい状況になったが、みんなで知恵を出し合って乗り切るぞ！」と、一致団結して前向きに対策を講じることができるでしょう。

10年後も成長し続けている会社になるかどうかは、明確なビジョンを掲げ、変化と成長を追求する企業文化を育てることが重要なのです。

あなたのビジョンを語ろう

会社が潰れる理由は「お金」の問題が多いと推測しますが、社員が退職する理由は、

社員が退職を考える理由

「退職を考えたことがある」と回答された方にお聞きします。
退職を考え始めたきっかけを教えてください。（年度別・複数回答可）

	2019年	2018年	2017年
 1	やりがい・達成感を感じない（41%）	給与が低かった（39%）	給与が低かった（46%）
 2	給与が低かった（41%）	やりがい・達成感を感じない（36%）	評価や人事制度に不満があった（37%）
 3	企業の将来性に疑問を感じた（36%）	企業の将来性に疑問を感じた（35%）	残業や休日出勤が多くて辛かった（28%）

※2019年の「1位：やりがい・達成感を感じない」、「2位：給与が低かった」は、小数点以下を四捨五入して順位付け。

出所：1万人が回答！「退職のきっかけ」実態調査　―『エン転職』ユーザーアンケート―

給料ばかりではありません。ある調査では、以前は社員が転職を考える理由として「給料の低さ」が最も多くを占めていましたが、近年は給料の低さと同率で、やりがいや達成感の不足、次いで企業の将来性への不安が挙げられています。

「マズローの欲求5段階説」によると、人間は生命を維持するための条件が満たされ、安全が確保された後は、社会的集団に属することで安心を得ようとします。そして、その集団の中で自分の能力を認めてほしい、高く評価されたいという承認欲求が生まれます。社会人であれば、仕事の評価は役職や給料に反映されるため「給料が低い」という感覚は「自分の働きを会社が正しく評価してくれない」という不満から生まれるものでしょう。

そして、仕事に「やりがい」を求める感情は、この承認欲求の次の段階「自分にしかできないことを成し遂げたい」「理想の自分に近づきたい」という自己実現の欲求が源泉にあります。

社員がいくつもの会社の中から自社を選んで入社した理由は、給与額や立地、交通の便、福利厚生等、十人十色でしょう。しかし、少なくとも「やりたくない仕事」は選びません。社会人としてやりたいことや成し遂げたいことがあり、その実現の場またはステップの一つとして、自社を選択したはずです。

つまり、社員にとって会社はただの「生活費を稼ぐ場所」ではなく、自己実現の場でもあるということです。

それは、社長も同じはずです。

起業家は何かの目的があり、それを実現するために会社を興します。単に「儲けたい」という理由のみで起業する人もいるでしょうが、儲けるための手段として選んだ商品やサービスは、多くの人々に必要とされている、社会が求めているという確信があるからこそ、事業化したはずです。

親の事業を継いだ経営者も、その会社が社会から必要とされ、未来ある存在だと信じたからこそ、後継者になる選択をしたのでしょう。

しかし「毎日、目が回るほど忙しい」「赤字にならないよう、売上目標を達成するのが精一杯だ」という状態になると、目の前の数字ばかりを見つめるようになってしまいます。

何のためにその事業を行っているのか。その事業で何を実現したいのか。将来はどうなっていたいのか——これらを見失い、足元しか見えない状況に陥ってしまえば、社長も社員もやりがいを感じられず、ただ辛いだけの毎日を送ることになります。

だからこそ、社長はいかなる状況でも力強くゴールを指し示し、皆でたどり着くための旗振り役を務めなければなりません。長々と説教するのではなく、短くわかりやすい言葉でビジョンを語り、自社の業務が顧客を、ひいては社会全体をどのように支えるものであるのかを伝え、社員のモチベーションを高い水準で維持することが肝要なのです。

目標を共有しよう

社長がビジョンを語っても、社員がその思いに共感し、同じ方向に進もうとしなければ意味がありません。

「自社のビジョンを社員全員に伝えたのに、何も変わらなかった」

以前、そのような相談を受けたことがあります。

どのように伝えたのか尋ねると、「ビジョンを明記した書類を作成し、全員に配布した」とのことでした。なるほど、その方法では、社員全員への浸透は難しいだろうと感じました。

社員たちはその書類に、一度くらいは目を通したかもしれません。しかしその後は、机の引き出しの奥にでもしまわれてしまったのでしょう。もしくは、そのビジョンを達成するための中期目標や短期目標を示さなかったために、具体的に何をすればいいのか、イメージできなかったのではないでしょうか。

ビジョンは会社の最終到達点、つまり「将来の夢」のようなものです。もし、学生時代に「自分の夢は宇宙飛行士になって、宇宙開発に貢献することだ！」と熱く語る友人がいたら、おそらく次のような質問をするでしょう。

「じゃあ、まずは何を目指すの？」

目指すゴールが遠ければ遠いほど、しっかり計画を立てて、着実に歩みを進めていく必要があります。

「宇宙飛行士選抜試験に応募するためには、四年制大学の自然科学系学部を卒業した後、その分野で3年以上の実務経験が必要だから、まずは大学院に進学して、研究者として実績を積むつもりだよ。過去問題を見て英語が難しいってわかったから、専門的な英語力を鍛えられるスクールを探しているところだ」

このような返答であれば本気度が伝わりますし「本当に夢を叶えられるかも」と期待できます。有益な情報が手に入れば、すぐに「伝えよう」という気になるでしょう。

一方、

「まだ何をすればいいかわからないけど、とにかく頑張ってみるよ！」

これでは本気度が伝わりませんし、応援のしようがありません。

夢は、計画を立てて実行しなければ、実現することなく夢のままで終わってしまいます。複数の人間で構成されている組織であれば、なおさらです。到達に何年、何十年もかかる場所だからこそ、無事にたどり着くためには適切な道標とプランが要るのです。

経営数字を公開しよう

目標を共有し、全社員とともにビジョンの実現を目指すのであれば、社員への情報提供は必須です。

オープンブック・マネジメントという言葉を聞いたことはあるでしょうか。「オープン」は公開、「ブック」は財務諸表のことです。つまり、これまで経営陣のみが把握していた経営数字を社員に公開する、という意味です。

それは、単に貸借対照表や損益計算書を公開する、ということではありません。全員が数字の意味を理解できるよう、会計に関する教育も実施します。その結果、社員が会社の現状を正しく把握し、危機感や課題を共有して、目標達成へのモチベーション向上効果が期待できるのです。

もし、経営数字を明かされないまま、

「利益目標の達成が厳しいので、できるだけ経費削減に協力してほしい」

と言われても、社員は具体的にどうすればいいのかわかりません。日ごろから節約を心がけている社員は「これ以上は削れない」と諦めるかもしれませんし、経営陣に対して不満を抱いている社員なら「普段から無駄な支出が多いんじゃないか？　そのしわ寄せを自分たちがくらうのは納得できない」と、さらに不満を強めるかもしれません。

しかし経営数字を公開し、その意味を理解できるようになれば、

「売上総利益（粗利益）が高いから、自分たちが頑張って売上をあげて、仕入原価を抑えていけば、もっと利益が増えるはずだ」

「売上のわりに利益が少なく、人件費率が高いのは、もっと効率の良い仕事をしないからだ」

このように、社員一人ひとりが「なぜその数字を目指さなければいけないのか」「売上がいくら増えると会社がどうなるのか」「今、何をすべきか」を、自分の言葉で語れるようになります。

従業員目線からの経営計画作りが大切

幸せと成功

これまでの経営計画本の多くは、経営陣や経営者から見た経営計画書の作り方が中心でした。もちろん、本書もその視点から書き下ろしていますが、この項は、今一つ掘り下げて従業員目線からの経営計画書について触れてみたいと思います。

多くの経営者は、〝幸せ〟になりたいと願って会社を始めたと思います。経営者の皆さまの幸せとはなんでしょうか。自分の会社を成長させ、利益を上げることが幸せであり、それによって従業員も幸せになれると考えている。不幸になりたくて生きている人など一人もいないでしょう。さらに言えば、「幸せは事業が成功しないとやってこない」と決め込んでいる経営者が多く思い当たります。つまりそれは、幸せよりも成功を優先させているということになります。思い当たる人も多いのではないでしょうか。しかし、それでは決してあなたも会社も従業員も幸せにはなれないのです。

フランスの哲学者アラン氏の『幸福論』に「幸せと思う自分がいるから幸福になれる」と書かれています。成功の先にしか幸せがないと考えたり、成功しようと思えば思うほど、幸せから遠ざかってしまいます。

成功を優先させると幸せになれない理由は、成功には限りがないためです。たとえば、成功を収めても、次の成功のステップとしか捉えない場合、目標は永遠に現れ続けます。仕事や人生において目標を掲げることはよいことです。しかし、目標が目的となってしまうと心が休まる時がなく、苦しくなり、幸せな状態ではありませんよね。

ところで、幸せには種類が2つあります。一つは「地位財」と言われ、次のものが含まれます。

- 金銭欲
- 物欲
- 名誉欲

・社会的地位

すべて他人と比べられるものです。

これらの幸せは「もっと欲しい」という感情が生まれるため、長く続かないと言われます。

もう一つは、心の豊かさや健康、安全等、精神的・身体的・社会的に良好な状態からもたらされる「非地位財」といわれるもので、長続きする幸せと言われています。

これからは、この非地位財を多く従業員に与えられる経営者こそが優秀な経営者であると評価されるのではないでしょうか。

「幸福学の父」とも称されるアメリカ・イリノイ大学心理学部名誉教授、エド・ディーナー博士らの研究によると、「幸福度の高い従業員の創造性は3倍、生産性は31%、売上は37%高い」傾向にあるとされています。加えて、「幸福度の高い人は職場において良好な人間関係を構築しており、転職率・離職率・欠勤率はいずれも低い」という研究データもあります。また、アメリカの先進的な企業では「幸福を求めるための部署」が一般的になっているほどです。もはや、CHOという役職は最高人事責任者

（Chief Human Officer）ではなく、従業員の幸せをマネジメントする者（Chief Happiness Officer）となったのです。アメリカだけでなく、世界各国においても「幸福度」は科学的に分析され、ビジネスに取り入れられています。

幸福度の高い人を仲間にすれば、視野の広い考えやアイデアが思いつきやすくなります。たとえば、幸福度の高い人材の特徴として、良い影響を他人に与えられていると自覚しているケースが多く、仕事の満足度は人材によって大きく変わるというのが実状です。

ポジティブな感情を持った人は、視野が広く、情報の理解力も早いと言われています。つまり、幸せな従業員たちが会社を成功へと導いてくれるのです。

企業の価値観とビジョンを従業員と共有する

経営者は従業員を幸せにするために、どのような仕組みづくりをすればよいのでしょうか。それはとても簡単なことで、”価値観“と”ビジョン“を示すことです。

人にはそれぞれ価値観がありますが、企業の価値観は明確かつ言葉にできなければなりません。そして価値観によって、人は行動が変わります。また、価値観を共有することで、「従業員同士」「顧客」「お金」「上司・部下」「商品」「サービス」を結びつけられます。

前節でも書きましたが、重要なのはビジョンです。ビジョンは「会社における理想的な状態を示したもの」だと言えます。たとえば、「世界一の製品を世に出すぞ！」「世界からガンを撲滅するぞ！」というストーリーを従業員たちに対して語りかけましょう。

価値観を共有し、ビジョンを持つことで「楽しく働くことが幸せに繋がる」と従業員に伝えることができます。

誤解がないように申し上げますが、〝楽しく〟というのは何も「面白おかしく」ということではありません。「厳しい試練や、挑戦も楽しめる」ことも含めての楽しさという意味です。福利厚生等、さまざまな制度で従業員をサポートすることも大切ですが、なによりも企業の〝価値観〟と〝ビジョン〟が重要なのです。

「この会社で働きたい」「この人たちと頑張って、会社を大きく成長させたい」とそう思わせる価値観やビジョンを経営者が持っている、あるいは作り出すことができたら、従業員たちは自ずと積極的に行動を起こし出して成果を上げ、会社の成長へとつながることでしょう。

京セラ創業者である稲盛和夫さんは政府に請われて倒産した日本航空の社長になった際、「この会社は従業員のために存在する会社である」ということを明示しました。稲盛さんは「(企業の幸せとは)従業員が本当に幸せになってくれること以外に目的はないんだ」とまで断言していらっしゃいます。

その思いが従業員に通じたのでしょう。破綻から約10年、業績は急回復し、2019年には2年連続の増収増益となっています。誰もが幸せになるために、経営者と従業員が価値観とビジョンを共有したことで、どん底から抜け出して成功を得ることができた好事例です。

◢従業員それぞれの幸せに対応する

日本全体として、「ワーク・ライフ・バランス」というフレーズもすっかり定番となりました。生活の調和を保つという意味です。内閣府によると「国民一人ひとりがやりがいや充足感を感じながら働き、仕事上の責任を果たすとともに、家庭や地域生活等においても、子育て期、中高年期といった人生の各段階に応じて多様な生き方が選択・実現できる社会」と定義されています。従業員が幸せになるための考え方として取り入れられていると言えるでしょう。

しかし、最近のアメリカでは「ワーク（キャリア）・ライフ・フィット」という考え方が広がっています。これはワーク・ライフ・バランスの対義語で、仕事と生活のバランスがうまく取れなくても、自分の最適な生き方を見つけるというものです。たとえば、プライベートの充実よりも会社に10時間いるほうが幸せ、プライベートのために給与は低くなっても時短勤務を希望する等が当てはまります。

幸せの捉え方は人それぞれです。従業員の個性や希望に合わせて柔軟に対応する時代となったと言っても過言ではありません。どちらの考え方であっても、日本の企業は利益優先で、従業員を幸せにするという考え方がまだまだ浸透していません。先進的な経営者の皆さまには、ぜひこの考え方を参考にしていただきたいと願っています。

とくに日本の働き方は先進国の中でも生産性と給与が比例せず、企業に所属した場合には、スキル等も異なるものの、人を基準に給与が異なるケースも少なくありません。つまり、日本企業は人を重視した給与体系であるにもかかわらず、従業員の心情を察した働き方に取り組める企業が少ないと言えます。そのため、従業員を幸せにするという考え方が浸透しにくいと言えるでしょう。

会社は人生を豊かにするための道具でしかなく、人生そのものではありません。会社に支配され、仕事に時間を追われ、家族とも十分な時間を過ごせず、身体を壊したり、未来が見えなくなったりしては本末転倒です。

■会社と従業員の「絆」を強くする

従来、会社と従業員の関係性においてエンゲージメントと言えば、「愛着心」「思い入れ」のことを指していました。現在では、その重要性に気づく会社が急増し、「組織と個人の結びつき」「影響し合いながら相互に成長していく関係性」といった、深い意味を持つようになってきました。会社と従業員の「絆」と言い換えて良いかもしれません。

「エンゲージメント」という言葉は、2010年ころのアメリカで多く使われるようになりましたが、その背景には、優秀な人材確保に苦慮する会社が増えたことが影響しています。つまり、新しい人を雇うより、今いる人たちに残って頑張ってもらおうということです。

このように言えば、「ああ、そういうことなのか!!」と気づく人が多いと思いますが、人材採用の苦労と採用コストの増大に多くの企業が頭を抱えています。

ご存じの通り労働人口は減少傾向にあり、優秀な人材をいかに繋ぎとめるかは、多くの会社にとって重要課題となっています。しかしながら、能力や成果が重視される業界では、優秀な人材ほど「キャリアアップ」の名の下に、より待遇のいい会社へと流出してしまいます。長期視点に立った従業員教育や能力開発には、頓挫のリスクがつきまとっていました。

そんななか「個人の成長と会社の成長が連動するような関係」を構築し、人材の流出を抑止する動きが模索されるようになりました。関係の構築が進み、会社と個人が一体化した〟エンゲージメントされた状態〝を生み出せれば、人も会社も時間をかけて成長していくことができます。人離れが起こりにくい状況が生まれるため、組織力の強化や業績の向上にも好影響が期待できるようになるでしょう。

会社と従業員のエンゲージメントが高まると、進んで成長の機会を求めるようになります。その結果、企業理念が浸透しやすくなり、接客業であればサービスクオリティの向上、製造業であれば生産性の向上等にも繋がっていきます。

第2章

経営計画の作り方・活かし方

1 中期経営計画の全体像を理解する

「5年後の理想の姿」と「現在の状態」のギャップを埋める

世の中の変化に対応できる「潰れない会社」になるためには、常に一定の利益を確保し、会社にお金が残るようにしなければなりません。今期の目標数値を達成して利益を確保するだけではなく来期もその次も、長期にわたり安定的に利益を出していく必要があります。

「毎回、今期の目標達成で精一杯で、反省したり次に活かす余裕がない」

「想定外のトラブルが起きたせいで、目標を達成できなかった」

このように成長できない会社の多くは、自社の課題を把握しておらず、解決に向けた効果的なアプローチを行っていません。そのため、いつまでも似たようなトラブルに見舞われたり、それを回避する術を身につけられず、足踏みを続けているのです。

この状態から抜け出すためには、中期経営計画が必要です。中期経営計画の作成は、単に「数年後までの計画を作る作業」ではありません。

たとえば「5年後に支店数を現在の3倍まで増やす」という目標があるとしましょう。支店数が3倍になった時、従業員は何人必要か、各店舗に必要な運営費とその合計額がいくらになるのか等、おおよそのイメージをもとに経費を算出すれば「5年後にどれくらいの利益を出せるようになっているべきか」がわかります。

経費だけではありません。各店舗が順調に売上を増やしていくためには、どのような人物を店長に任命するのか、従業員にはどのような働きをしてもらいたいのかをイメージし、そのような人材を育てなければなりません。つまり、有効な人材育成システムや、従業員のモチベーション向上・維持を実現する評価制度等、何らかの対策が必要になります。

これらはいずれも、5年かけて作り上げていくものです。つまり中期経営計画とは「5年後の理想の姿」と「現在の状態」のギャップを埋めるための計画なのです。

中期経営計画を立てる目的・メリット

3つのメリットを最大限に発揮させる

「今は世の中の変化が激しいから、5年後にどうなっているのか想像もつかない。計画倒れになる可能性が高いのに、時間をかけて中期経営計画を作る必要があるのか？」

このように考える社長がいらっしゃるようですが、それは違います。

ビジョンとは、将来の展望です。それは世情の変化に左右されることなく、貫いていかなければなりません。中期経営計画はその実現のために、①会社の現状と課題を整理し、②やるべきことを明確にして、③従業員が会社とともに成長していくために必要なのです。

この3点の実行は、会社に大きなメリットをもたらします。

① 会社の現状と課題を整理できる

「1年後に売上を20%に増やす、2年後には50%まで増やす、3年後には……」等と、目標数字だけを並べた計画を作成し、行き当たりばったりで努力しても、確実な実現は見込めません。

目標達成には理にかなった行動計画が必要であり、計画の作成には次の2点が不可欠となります。

- 計画実現の妨げになっている課題を発見し、解決する
- 計画実現に寄与する長所を発見し、集中的に伸ばしていく

自社の従業員構成や評価制度等の内部環境に対する「課題」と「長所」を分析・整理すれば、おのずと自社の「強みと弱み」が浮き彫りになってきます。さらに、競合や市場等の外部環境に対して分析・整理すれば、ビジネスの「チャンスとリスク」が

具体的に見えるようになります。

具体的な方法については後ほど詳しく説明しますが、中期経営計画の作成は「自社の現状」を客観視する、絶好の機会なのです。

② やるべきことが明確になる

自社の強みと弱み、ビジネスのチャンスとリスクが浮き彫りになれば、強みを伸ばしてチャンスをつかみに行く、弱みを克服してリスクを回避する等、会社がこれからとるべき方向性について、具体的な検討ができるようになります。

方向性が決まれば「何を目標に」「どこに力を入れるべきか」が明確になり、必要な数字が自ずと見えてきます。たとえば、主力商品のA製品の売上を伸ばして利益を増やすと決めた場合、「A製品の売上を今期の3倍に増やす」という数値目標が生まれます。そして、それを実現するための「A製品の営業マンを20人に増加」「年間製造数を5まで伸ばす」等の具体策が出てくれば、現場における行動計画の作成がスムーズになります。

③ 従業員が会社とともに成長していく

「やるべきこと」を実際に行うのは、現場の従業員たちです。そのため、中期経営計画の策定は社長のみではなく、多くの幹部、現場のリーダー等を巻き込んで行うべきです。

一般的には、決算の翌月に経営計画発表会を行う場合、決算の約3カ月前に幹部や現場のリーダーが集まって会社の現状把握と課題の整理、具体的な数字目標の決定、行動計画の作成を行います。その際、事前に各部門で報告資料を作成・提出してもらい、当日はホワイトボードやプロジェクター等を活用する等、限られた時間で効率良く理解を深めるための工夫が必要です。可能であれば温泉旅館や研修施設等を予約し、一泊二日程度の「経営計画策定合宿」を企画して、議論に集中できる環境を用意しましょう。

そして、期首には全従業員を対象に「経営計画発表会」を実施し、計画内容の共有を図ります。明確な目標と達成に向けた道筋を提示されれば、従業員はゴールがどこにあり、今どの位置にいて、何をするべきかが明確になるため、チームの連帯感・一体感が高まります。

中期経営計画の作り方

手順1：経営理念を明確にする

次の表「7つの戦略的思考の鍵」は、企業が成功するために必要なキーワードを盛り込んだものです。この中のどれが欠けても、ビジネスを成功させることはできません。

☑Vision（方向性）が示されないと、混乱する

ビジョンとは私たちの会社が、将来どんなふうにして社会と関わっていくのかを示

7 KEYS TO STRATEGIC THINKING(7つの戦略的思考の鍵)

Vision 方向性	Skills 技術	Incentives 動機づけ	Resources 資源	Action Plan 実行計画	Mission 使命	Value 共通の価値感	
×	○	○	○	○	○	○	⇒混乱する
○	×	○	○	○	○	○	⇒不安になる
○	○	×	○	○	○	○	⇒変化が緩慢になる
○	○	○	×	○	○	○	⇒欲求不満になる
○	○	○	○	×	○	○	⇒疲弊する
○	○	○	○	○	×	○	⇒暴走する
○	○	○	○	○	○	×	⇒継続しない
○	○	○	○	○	○	○	⇒成功する

したものです。自分たちが持っている技術やサービスを使って将来どんな会社になっていくのかを示すことで、従業員と経営陣がともに歩んでいくための大切な指標になります。

数字や言葉で表すのがわかりやすくて良いでしょう。

☑Skills(技術)がないと、不安になる

たとえば、儲かりそうだということで、人材ビジネスをやろう、あるいは、人工知能を使ったマッチングアプリを作ろうといっても、社内にそうした技術の蓄積がない等といった状況だと、従業員はそれはできないだろうととても不安になります。どこからどういう技術を持ってくるのか、あるいは提携するのか等を示しながら、経営計画書に盛り込んでいくのが良いでしょう。

☑Incentives(動機づけ)がないと、変化が緩慢になる

突然、「新しいビジネスに挑戦するぞ!」「新しい支店をどんどん増やすぞ!」「組織を10倍にするぞ!」と言っても、自分がどのように関わり、どういう見返りやメリット、報酬等があるのかが見えてこないと、なかなかやる気も起きないものです。こうしたこともしっかり経営計画書に示していかなければなりません。

☑Resources（資源）がないと、欲求不満になる

「そりゃあ、社長の言っていることは正しいよ」。こんな言葉を陰で言われないようにするには、その証拠となるものを見せなければなりません。もちろん新しいチャレンジの場合、確固たる未来を証明することはできませんが、そのリソースを見せてやることが重要です。「お金（融資、増資）、技術提携、人員確保……」といった不安材料をぬぐってあげなければなりません。

☑Action Plan（実行計画）がなければ、疲弊するだけ

実行計画は、経営計画書の根幹をなすものでなければなりません。マーケットに対してどのようにアプローチするの？　マーケティングツールは？　人員確保は？　四半期ごとの見直しは？　人員、売上、原価等々、最初に計画がなされていないと、とにかく「頑張れ！」では、従業員は疲弊するのみです。

☑Mission（使命）がなければ、暴走する

ただ「頑張ってください」では、本来のやるべき意味が理解されず、従業員は思い思いに暴走してしまいます。「なぜそれをやるのか？」、それがわかれば従業員は、その達成に向けて努力を惜しみません。ただ儲かるから、他の会社もやってるから、ということではなく、それが当社にとってどのような意味を持っているのか、将来にどのような変化をもたらすのかを、従業員にわかるように示さなくてはなりません。

☑Value（共通の価値観）がなければ、継続しない

価値観とは、考え方の基本となるものです。言葉にし、行動基準をわかりやすく書き記すのが一番よいでしょう。新たに人を採用する時に、価値観の合わない人を採用したために、大変な目にあったという経営者に多く会いました。難しく考えるとなかなかうまく書けませんが、「どんな人と働きたいのか」「どんな人と働きたくないのか」自分の考えと従業員の考えをすり合わせる機会を作ってみるのも良いでしょう。

もう少し、ミッション、ビジョン、バリューについて補足します。

【ミッション】

ミッションとは、業務を通じて社会でどのような役割を果たすのかを定めた、自社の使命を表すものです。

たとえば、サンタクロースのミッションは何だと思いますか？

「12月24日の夜に、子どもたちにプレゼントを届ける」

これがミッションであれば、プレゼントを玄関先に放り投げて回ってもいいことになります。子どもたちの気持ちや自分の役割に考えが及ぶことはなく、寒い夜間の配達を一刻も早く終わらせたいと思い、どんどん雑になっていくでしょう。その結果「プレゼントが壊れていた」というクレームが入ったとしても、「プレゼントを届ける」というミッションはクリアしているため、来年に向けた対策等も行われません。

「12月24日の夜にプレゼントを届けることで、子どもたちを喜ばせ、夢を与える」

このようなミッションであれば、プレゼントの配り方に工夫が求められます。子どもたちが目を覚ました時に驚き、笑顔にほころぶ顔を思い浮かべれば、自ずと自分の役割の重さを自覚するでしょう。配達が難しい家があっても、何とかしようと奮闘するはずです。

このように、ミッションは「何をするか」ではなく、「何のために行うのか」を明示することが重要なのです。


【ビジョン】


ビジョンとは、自社の5年後や10年後、さらにその先の将来の姿を表したものです。単なる願望ではなく、必ず達成することを社会に約束し、従業員とともに実現しなければなりません。

かつて多くの企業は、上意下達を徹底させることで組織強化を図っていました。会社の行く末を考えるのは社長や一握りの幹部のみであり、部下の役目は上司の命令を正確に実行することでした。当時、リーダーシップとは部下を指示通りに動かし、スムーズに業務を進めることと考えられていたのです。

しかし、その認識は変わりつつあります。かつてアメリカでは、Microsoft、DELL、Amazon、スターバックス等のベンチャー企業が著しい発展を遂げる中で、ＩＢＭやSears、Roebuckのような伝統ある企業がリーダーシップのあり方を見直しました。

全従業員が会社のミッションを理解し、経営者的な視点で「何をするべきか」を自ら考えて遂行する企業文化を育てていかなければ、現代の熾烈な競争には勝てないと悟ったからです。

今期の目標達成に腐心するのではなく、5年後や10年後にはどのようなニーズが存在し、自社はそのニーズに対してどのように貢献するのか——そうした先読みができない会社は、競合他社の後塵を拝することになり、いずれ消えてしまいます。5年後や10年後の「未来のストーリー」を明文化し、全従業員がそのストーリーに共感して「どうすれば理想の未来にたどり着けるのか」を語り合う環境を作ることが肝要なのです。

【バリュー】

従業員一人ひとりが経営者視点を持ち、自ら考え、判断し、行動を起こす。それが理想ですが、人の価値観は十人十色です。同じ目標を掲げても、価値観がバラバラのまま行動していては、いつか衝突や矛盾が生じてしまいます。

そのため、会社は従業員が持つべき基本的な考え方や、行動の指針となる共通の価値観を、バリューとして表さなければなりません。

たとえば接客マニュアルに「来社されたお客様に笑顔で挨拶をする」と書かれていたとします。その会社がバリューを従業員に提示していなければ、従業員は作り笑いで月並みな挨拶しかできないでしょう。一方、簡単明瞭なバリューが存在していれば、従業員は心からの笑みで来客を迎え、バリューに基づいた挨拶を実践します。

他にも、クレームが入った時の対応や、予期せぬトラブルに対する判断、ビジネスチャンスが訪れた時の決断等、バリューは全従業員の心に深く根付き、あらゆる行動の原点となるものです。

Netflixのカルチャーデック(culture deck)を参考にする

2009年に公表された、この文書はNetflixの企業哲学や経営理念、従業員に求める価値観や行動等をまとめたものであり、「シリコンバレーから生まれた最高の文書のひとつ」と評されています。

Netflixのカルチャー

エンターテインメントは、いわば友情と同じように、人生において不可欠なものです。エンターテインメントを通してさまざまな感情を体験することで、人とのつながりが生まれます。Netflixは、世界中にエンターテインメントを届け、世の中がもっと笑いや共感、喜びに満ちた場になることを願っています。

この願いを実現するために、Netflixには少し独特ではあるものの、私たちが誇りを持っている企業文化が根付いています。ここではそのカルチャーについて、ご紹介します。

Netflixに限らず、優良な企業というのは最高の人材を雇い、個人の誠実さや優秀さ、周囲への敬意やインクルージョン(個々の違いを尊重し受け入れる姿勢)、そして協調性を重視するものです。これらに加えて、Netflixではさらに次のような点を大切にしています。

1. 従業員一人ひとりの自立した意思決定を促し、尊重する
2. 情報は、広く、オープンかつ積極的に共有する
3. とことん率直に意見を言い合う
4. 優れた人材でチームを構成し続ける
5. ルールをつくらない

Netflixでは基本理念として、「プロセスより従業員を重視」という考え方を掲げています。この考え方を追求した結果、Netflixでは優秀な個人の集団がひとつのゴールに向かうドリームチームとして働いています。こうした理念が、Netflixに柔軟性や楽しさ、刺激、創造性、協調性、そして最終的には成功をもたらしてくれるものだと信じています。

このように、価値観を自分の考える言葉と文章で表してください。
次にその考えを補足するバリューや行動について大事なことを書きます。

- 判断力
- コミュニケーション
- 好奇心
- 勇気
- 情熱
- 無私の心
- イノベーション
- インクルージョン
- 誠実さ
- 影響力

立派なバリューを書き出すのは簡単ですが、それを実践するのはずっと難しいことです。「勇気」の項目には「Netflix のバリューにそぐわない言動には異議を唱えられる」とあります。Netflix では、すべての従業員がこうしたバリューを実践できるようにお互いに助け合い、お互いの模範になることを目指しています。

そのためには常に向上心を持ち続けることが必要です。

誠実さの項目には「仲間について、当の本人に面と向かって言えないようなことは誰の前でも言わない」とあります。これはとくに入社したばかりの従業員にとって、最も信じがたい（もちろん、実践するのも非常に難しい）項目かもしれません。社会的な場でも仕事の場でも、誰かについて思ったことをそのまま口に出す人は、たいていすぐに孤立し、人の輪から締め出されてしまうものです。

Netflixでは、プロフェッショナルとしての建設的なフィードバックを、上下関係を問わずに社内全体で常に交換できるような環境づくりを目指しています。

誰でも間違いは犯すものだということを社内のリーダーたちが率先して認め、積極的にフィードバックに耳を傾けています。従業員はいつも「どうすればもっとうまくやれるだろうか？」と周りに尋ね、「まだ仲間へ共有していないフィードバックはあるだろうか？」と自身にも問いかけます。

日ごろの仕事の一部としてストレスなく当たり前にフィードバックを交換できるようになれば、物事をより早く学び、従業員同士が成長できます。

Netflixでは、フィードバックを形式的に一定の頻度で与えるようなものとせず、常にお互いにコミュニケーションを取りながら交わすべきものとしています。たとえ実際に口にするのは気が引けるとしても、無私の心で仲間にフィードバックすることで信頼関係を築けます。フィードバックのやりとりがあれば、誤解を引きずることもなければ、ルールを設ける必要もなくなります。人と人の間にしっかりとした信頼関係があれば、フィードバックを交わすことはそう難しくありません。私たちが時間を費やしてでも従業員間で信頼関係を築くことを重視しているのは、そのためです。

Netflixでは、立場が上の人に対してでも率直にものを言う人が評価されます。このように率直にフィードバックを交わすという姿勢は、新しく入社した人や、めったに直接的な意見交換が行われない文化圏からくる人たちには難しく感じるかもしれませんが、アドバイスを与えたり実践的な例を示したりする仕組みをつくることで、従業員全員がフィードバックの仕方を学べるようにサポートしています。

出所:「Netflix Jobs」をもとに作成

このNetflixの「カルチャーデック」はオープンになっていて、簡単に検索して全文を確かめることができますので、ぜひ参考にしてみてください。昔のように「経営理念は、『顧客満足』です。」の一言ではなかなか理解されなくなったし、もっとわかりやすく言葉を開いていくことが重要かと思います。

最後に、

- 従業員一人ひとりの自立した意思決定を促し、尊重する
- 情報は、広く、オープンかつ積極的に共有する
- とことん率直に意見を言い合う
- 優れた人材でチームを構成し続ける
- ルールをつくらない

とあり、「おわりに」で、

「星の王子さま」の著者アントワーヌ・ド・サン＝テグジュペリの次の言葉が、私たちの道標です。

船を造りたいのなら
人を呼んで材木を集めさせたり
仕事を割り当て
命じる必要はありません。
代わりに、果てしなく続く海への
憧れを説いてやりなさい。

とありますが、本当にわかりやすい、価値観の共有の仕方です。

出所:「Netflix Jobs」をもとに作成

経営計画書の基本構成(アウトプット)を理解する

経営計画書の書き方には、いくつもパターンはありますが、多くの経営計画のパターンを参考に、やりやすい項目を記しました。読者の皆さまは、顧問の税理士や会計士に確認しながら、これらの項目を盛り込むようにしたら良いでしょう。

70・71ページにまとめておきます。

基本構成(アウトプット)

3　全体数字の項目
①前期決算数字(おそらくまだ締めていないので、概要)
②当期売上利益計画(単年度)
③売上利益計画(3カ年)
とくに、公表すべき数字と思われるものを記す
④開発、広告予算
⑤採用予算
⑥個人売上成績
⑦商品ごとの売上利益数字
⑧顧客数の推移(グラフ・数字)
⑨商品別売上推移(グラフ、数字)

4　部門別方針の項目
※ここには部門ごとの方針や責任者等を記述する

5　商品戦略の項目
※ここに商品ごとの方針や責任者等を記述する

6　社内活動の項目
①横断型の委員会
②イベント等について

代表的な経営計画書の

1　基本方針の項目

①当期の基本方針

ここには社長の思いをA4一枚程度でいいので記述する。とくに今期は何に力を入れるのか、売上を伸ばすのか、社内の充実を図るのか、新製品で勝負をかけるのか、等々。

②経営基本理念と行動に関する方針

③3年後、5年後のビジョン

④経営計画発表日のスケジュール

⑤社員表彰者一覧

2　全社方針

①組織図

②年間カレンダー

③組織運営に関する方針

④経営理念に関する方針

④利益計画に関する方針

⑤お客様に関する方針

⑥製品に関する方針

⑦人材に関する方針

⑧設備投資に関する方針

⑨コンプライアンスに関する方針

手順2：自社の現状を把握する

経営ビジョンを達成するには、計画が必要です。そして、実現性の高い経営計画の作成には、自社の持つ強みや弱み、経営上のリスクやチャンスを認識しておかなければなりません。もちろん、決算書から収益性や安全性等を把握することも重要です。その方法は次章で詳しく説明します。

会社は常に2つの環境に影響を受けています。外部環境と内部環境です。法律や経済成長、人口の変化や技術革新等、自社ではコントロールできないものを「外部環境要因」、製品やサービス、人材、技術、設備等、自社の努力によってコントロールが可能なものを「内部環境要因」と言います。まずは内部環境要因の分析方法についてお教えします。

内部環境分析では、自社の「強み」と「弱み」が明らかになります。念頭に置いていただきたいのは、強みと弱みは「どちらかを重視するものではない」ということです。

「強みをより強化すれば、多少の弱みがあっても打ち消すことができる。だから弱点の克服よりも、強みを伸ばすことに注力すべきだ」

このような主張をよく耳にします。確かに差別化の補強は重要ですが、自社のプラス要素に大きなマイナスを与える「致命的な弱み」には、早急な対処が必要です。たとえば、どれほど美味しい料理を出す店であっても、従業員の接客態度が悪ければリピーターは生まれません。寸分の狂いもない部品を製造できる技術があっても、請求書の数字を頻繁に間違えることがあれば、取引先との関係は長く続かないでしょう。どちらか片方ではなく、総合的な観点で顧客に選ばれる会社を目指すべきなのです。

さて、内部環境分析は、事業内容分析と、内部組織分析の2つに大別されます。

さらに事業内容分析には「プロダクション分析」「マーケティング分析」、内部組織分析には「組織マネジメント分析」「人事マネジメント分析」「財務マネジメント分析」の、合計5つのカテゴリーが存在します。プロダクションは契約した顧客に対するすべての活動、マーケティングは顧客を呼び込み契約に至ることを指します。

各カテゴリーの分析のポイントは、75ページの通りです。

事業内容分析の結果をもとに主力サービスの見直しを図る際は、「自社のコアビジネスは何か」を改めて確認することが肝要です。

自社の主要顧客はどの層で、主要サービスは何か。

これが明確になっていれば、新事業でも、既存事業のテコ入れでも、現在のコアビジネスの延長線上に位置付けることでシナジーが発生しやすくなります。

逆に、現在のコアビジネスとまったく繋がらない事業に手を出すと、高いリスクを背負うことになります。たとえばサービス業を主とする会社が、コロナ禍で需要が急増した感染対策商品の製造を始めたとします。需要があるうちは利益が出るかもしれませんが、感染が落ち着いた時、商品製造のために投資した人員や設備が、無用の長物になる恐れがあります。

「強み」は、その会社が長い年月をかけて、事業を通して育ててきたものです。まったく新しい分野に手を伸ばす前に、自社が積み重ねてきたものを再確認し、現在の環境でどのような改善ができるのか、何を伸ばせるのかを検討してみましょう。

内部環境分析の概要

<事業内容分析>

①プロダクション分析のポイント

□自社サービスの利益率はどの程度か
□顧客にとって競合サービスより魅力的な点、劣っている点は何か
□主力サービスの成長性はどの程度か
□撤退を検討すべきサービスは何か
□生産性を高める環境・技術・人材が備わっているか

②マーケティング分析のポイント

□新規顧客増加を狙った効果的な施策ができているか
□リピート増加を狙った効果的な施策ができているか
□既存顧客が別サービスを知る機会づくりができているか
□販売計画の見直しと改善を実行できているか

<内部組織分析>

③組織マネジメント分析のポイント

□全社目標に繋がる部門目標が設定されているか
□部門目標に繋がる個人目標が設定されているか
□部門長の役割・責任・権限が明確になっているか
□企業の信頼を損なう可能性があるリスクは何か
□リスクの発生を定期的にチェックする仕組みがあるか

④人事マネジメント分析のポイント

□全社目標に必要な人材は足りているか
□個々の従業員が活躍できる部門に配属されているか
□マネージャーのマネジメント力は十分か
□採用活動を計画的に行えているか
□教育・評価・福利厚生に関する従業員からの不満不安は何か

⑤財務マネジメントシステム分析のポイント

□月次または四半期決算による業績管理ができているか
□利益計画に基づく資金計画を立てているか
□資金調達策は十分実行できているか
□資金繰りを良くする策が十分実行できているか

手順3：外部環境を分析する

次に、自社ではコントロールできない外部環境要因について説明します。
外部環境要因は「マクロ環境要因」と「ミクロ環境要因」の2種類に分けられます。

マクロ環境要因

【政治的環境要因】法律や規制、税制等による影響
【経済的環境要因】為替や金利の動向、経済成長率等による影響
【社会的環境要因】人々の生活様式や消費スタイル、人口動態の変化等による影響
【技術的環境要因】新技術や新素材の開発、製造工程の変化等による影響

ミクロ環境要因

・市場の成長性（または衰退状況）
・顧客像およびニーズの変化への対応

・競合他社の動き

たとえば住宅販売会社であれば、望ましい政治的環境要因は「住宅ローンの減税」、悪影響を被るのは「消費税率アップ」。望ましい社会的要因は「田舎暮らしブームによる移住の増加」、悪影響を被るのは「少子化による人口減少」等が考えられます。

マクロ環境要因の分析では、自社がどのような状況で機会（チャンス）を得るのか、または脅威に襲われるのかが明確になります。そこから経営課題が明らかになり、とるべき戦略が見えてくるのです。

これまで、中小企業にとってマクロ環境要因は、中長期にわたる事業構造改革を試みる場合以外はさほど影響しないという考えが一般的でした。しかし、コロナショックが会社の規模に関係なく影響を与えたように、広い視野で環境分析を行って脅威に備えることは、今後大きな意味を持つようになるはずです。

ミクロ環境要因に関しては、とくに市場調査が重要です。次の4点を把握し、丁寧に分析しましょう。

市場規模の変化

市場規模を把握するためには、業界の主要企業の売上高と販売シェアから推定する、業界団体が集計した出荷統計・生産統計の数字を参考にする、調査会社の業界レポートを参照する等の方法があります。細かな数字の把握に努めるよりも、俯瞰的に市場の流れやトレンドをつかむことが重要です。

市場の成長性

過去3～5年間の年単位のデータに着目し、平均成長率を算出します。

市場の収益性

その業界の、主要企業の経常利益率（または営業利益率）の平均値を計算します。上場企業であれば日経経営指標に掲載されていますし、それ以外の企業はＴＫＣや帝国データバンク、中小企業庁等から情報を入手できます。

主要製品の販売価格動向

技術革新や製品のモデルチェンジが少ない業界であれば、特定仕様の製品を「基準製品」と定めて、その価格動向を調査します。主要製品が頻繁に変わる業界なら、「売れ筋商品」の価格帯の動きを追っていきましょう。

その他、顧客像とそのニーズの動向、海外市場進出の可能性等も把握しておくと良いでしょう。

手順4：中期的な戦略を決める

外部環境分析と内部環境分析を行うことで「自社にとって何がビジネスチャンス（機会）で、何が脅威なのか」、そして「伸ばすべき強みと克服すべき弱みとは何か」が、明確になりました。

この結果をもとに、5つのカテゴリーで実施すべき戦略を検討します。まずは、クロスSWOT分析の4パターンをご紹介します（次ページ参照）。戦略にはどのような方向性があるのか、確認しましょう。

経営理念を実現するため、各カテゴリーで抽出された課題を克服するのか、長所を

SWOT分析の4パターン

	機会 Opportunity	脅威 Threat
強み Strength	自社の強みで取り込むことができる事業機会は何か	自社の強みで脅威を回避できないか？　他社には脅威でも自社の強みで事業機会にできないか
弱み Weakness	自社の弱みで事業機会を取りこぼさないために何が必要か	脅威と弱みが合わさって最悪の事態を招かないためにはどうするか

- 強み×機会：自社の「強み」を十分に活かせる「機会」が何かを考える
- 強み×脅威：自社の「強み」を活かして「脅威」を回避する方法、またはピンチをビジネスチャンスに変える方法を考える
- 弱み×機会：自社の「弱み」で「機会」を逃さないための対策を考える
- 弱み×脅威：自社の「弱み」を理解し、「脅威」によって最悪の事態を招かないための対策を考える

伸ばすのか。それぞれ吟味して、戦略目標を作ってみましょう。

参考までに、75ページに各カテゴリーにおける戦略目標の一例を示しました。

手順5：利益計画を作る

①利益目標を作る

会社がたどり着くべきゴール地点と、そこに至るまでの道筋が見えてきたら、次に決めるべきは「利益目標」です。

売上目標は、この利益目標に諸経費や税金を加算した金額になります。

その戦略を実行するためには、どのくらいの利益が必要なのか？

その利益を確保するためには、どのくらいの売上が必要なのか？

その売上を出すための経費は、それぞれいくらになるのか？

これらは「利益計画」の作成によって決定します。

経営計画を作るということは、利益計画を作ることでもあるのです。

②　他の数値目標を決める

来期の利益目標が決まれば、粗利、固定費、仕入、売上の目標数値が算出できます。

固定費を今期と同額と仮定すると、利益目標と今期の固定費を合算すれば、限界利益（粗利）の予想値が算出できます。

次に、今期の売上に対する仕入の割合を試算し、来期の仕入予想額と売上目標を算出します。


たとえば、今期の決算状況が次のような数字になったとします。

売上：２・５億円、仕入：７５００万円、固定費：１億５０００万円

すると、売上に対する仕入の割合は30％、限界利益（粗利）は１億７５００万円、

最初に決めるのは利益目標である

? 決算書上、一番最後に確定する利益を最初に決めてから、売上目標を決定しよう

利　益　①決算数字を踏まえて、次期利益目標の数字を決定する

固定費　②固定費は前期と同額と仮定する

粗　利　③利益目標の数字と固定費を加算した数字が粗利になる

仕　入　④仕入は売上に対する仕入の割合で試算する
※たとえば売上100、仕入60であれば、仕入の割合は60%、売上が110になったら仕入も66になると仮定する

売　上　⑤利益目標を達成するための売上数字を決定する

営業利益は2500万円です。

そして、来期の営業利益は今期の1・6倍、4000万円を目指すという目標を立てました。固定費を今期と同額に抑えるのであれば、目標数字は次のようになります。

売上：2・71億円、仕入：8100万円（売上の30％）、固定費：1億5000万円
↓限界利益（粗利）：1億9000万円　営業利益：4000万円

注目すべきは、利益目標を1・6倍にしても、売上目標は1・6倍にならないということです。固定費や仕入額を現在より低減できる何らかの工夫があれば、さらに利益を増やすことができるでしょう。

まずは利益目標を決める。その数字をもとに、売上目標等の他の目標数値を決める。しつこいようですが、この順番は大事です。覚えておきましょう。

また、計算ではわかりやすくするため営業利益を用いましたが、自社の資産として来期に繰り越せるのは「当期利益」です。経営計画を作成する際は、営業利益や経常利益よりも、税金を差し引いて残った当期利益で目標数字を決めることをお勧めします。

③ 利益計画のシミュレーションを行う

各々の予想値や目標数値が現実的なものか、実行可能なものかを、もう少し具体的な項目を用いてシミュレーションしてみましょう。手順は、次の通りです。

1 固定費の予想

先の計算例では、固定費を「今期と同額」と仮定しました。なぜなら、固定費の中で最も多くを占める人件費は、新規採用や退職者の大幅な増減がなければ、あまり変動することがないためです。そこで、過去数期分の決算書をもとに人件費を予想します。

他には地代家賃、水道光熱費、減価償却費等がありますが、これらも特別な理由がなければ、数字が大きく変わることはないでしょう。ただし広告宣伝費は、新商品や新サービスの発売開始等によって増える可能性があるため、来期の事業予定を確認して数字を予想します。

2 限界利益の算出

目標とする営業利益に固定費の予想値を加算して、限界利益（粗利）の予想値を算出します。

３　変動費の予想

変動費の中では仕入がかなりの割合を占めますが、仕入先や品物が同じであれば、売上に対する仕入の比率が大きく変わることはありません。そのため、仕入も過去の数値から予想できます。

変動費には外注費等も含まれますが、ここでは考慮に入れずに進めていきます。

４　売上高を算出

限界利益の予想値に変動費の予想値を加算して、目標売上高を出します。

このように、過去数期分の決算書の数字を用いれば、特別な知識がなくとも簡易的に利益計画のシミュレーションができます。

手順６：経営戦略方針総括表を作成する

シミュレーションを行い、利益、固定費、変動費、売上等の目標数値が決定した後は、その数値をもとに経営戦略方針総括表（売上・利益目標総括表）を作成します。さらに、経営戦略方針総括表の数字の内訳を示す商品ごとの「月別売上計画表」や「売上高年計表」、人件費や固定費の「年計表」等も作成し、より実行可能な数字へと固めていきます。

作成すべき主な書類は、次の通りです。

【経営戦略方針総括表】
今期の実績をもとに、来期以降の売上高、変動費、限界利益、販売一般管理費（固定費やその他の管理費）、経常損益（営業外損益を含む通常の事業活動で発生した損益）、特別損益（例外的に生じた多額の損益）等を、大雑把な数字で記載した表。

【過去4期分の損益計算書】
4期分の損益計算書のうち、固定費・変動費・限界利益に着目し、その変動状況を分析したもの。

【月別利益計画表】

売上高、変動費、限界利益、固定費、営業利益、営業外損益、経常利益を月別に割り振ったもの。

この他にも、次のような計画表、年計表、返済計画表があれば、より緻密な計画が策定できます。

- 月別部門別売上計画表（部門別売上の予実管理）
- 月別商品別売上計画表（商品別売上の予実管理）
- 売上高年計表（直近12カ月の売上の推移）
- 商品別売上高年計表（商品別の直近12カ月の売上の推移）
- 固定費年計表（直近12カ月の固定費の推移）
- 人件費年計表（直近12カ月の人件費の推移）
- 月別借入金返済計画表（借入金の返済額・返済月の一覧）
- リース料金返済計画表（リース料金の返済額・返済月の一覧）

経営計画づくりに欠かせない書類とは

? まずは、経営戦略方針総括表を作ろう

売上高・変動費（売上原価）、限界利益（売上総利益）、経費（人件費、その他の固定費）、利益の数字を大まかに立てる。

経営戦略方針総括表

13期　2021年1月～2021年12月

（千円）

科目			12期	13期	14期	15期	16期	17期
売上高			86,160	87,200	92,000	94,000	99,000	110,000
変動費			14,608	15,100	15,500	16,000	16,500	18,700
限界利益			71,552	72,100	76,500	78,000	82,500	91,300
販売一般管理費	固定費	人件費	56,837	57,200	60,000	61,000	62,000	65,000
販売一般管理費	固定費	その他固定費	4,200	4,100	4,000	4,200	4,500	4,800
販売一般管理費	固定費	固定費計	61,037	61,300	64,000	65,200	66,500	69,800
販売一般管理費	その他管理費		327	350	400	500	550	600
販売一般管理費	販売一般管理費計		61,364	61,650	64,400	65,700	67,050	70,400
経常損益	営業損益金額		10,188	10,450	12,100	12,300	15,450	20,900
経常損益	営業外収益		5,490	5,950	6,000	6,000	6,000	6,000
経常損益	営業外費用		3,270	3,530	4,000	4,000	4,000	4,000
経常損益	経常損益金額		12,408	12,870	14,100	14,300	17,450	22,900
特別損益	特別利益		410	370	400	400	400	400
特別損益	特別損失		5,200	5,600	5,000	5,000	5,000	5,000
特別損益	税引前当期損益金		7,618	7,640	9,500	9,700	12,850	18,300

ただし、社長の貴重な時間を大量に割いてまで、すべての書類を作成する必要はありません。たとえば人件費に関する数字は、給与計算ソフト内に蓄積されているデータ等を活用すれば、知るべき情報を把握できるはずです。

また、社長が決めるのは数字ではなく、方針です。

「新規採用枠の拡大に伴い、人件費を増やす」

「ネットワーク環境を整えてリモートワークを拡大するため、水道光熱費は抑えて、通信費やリース料等の固定費を増やす」

このように、何を増やして、何を減らすのか。または現状維持とするのか。大まかな方針のみ決めて、後は経理担当者や専門家に相談し、協力してもらいながら作成していきましょう。専門家へのアプローチについては、第5章で詳述します。

年計表で増減の傾向をつかむ

損益計算書をはじめとする財務諸表の数字は、年度単位のものです。各項目の中長期的な傾向をつかみたい場合は、年計表が適しています。年計表とは、その月までの直近12カ月の数値を合算した数字を月順に並べて、縦軸を合計数、横軸を年月とした折れ線グラフです。たとえば、次のように計算します。

２０２０年11月の売上高の年計：２０１９年12月～２０２０年11月の売上の合算
２０２０年12月の売上高の年計：２０２０年１月～12月の売上の合算
２０２１年１月の売上高の年計：２０２０年２月～２０２１年１月の売上の合算

年計は、事業年度に関係なく「直近12カ月の実績」を表すため、「月ごとの集計では売上が低迷していた商品が、年計表では緩やかな上昇を続けていた」「月ごとの集計では最も売上が好調な商品が、年計表ではすでに下降を始めていた」

このように、短期的な数字からは気づきにくい傾向が明らかになります。上昇傾向にある商品に注力する、横ばい状態が続いている商品の数を減らすか販売を終了する、新商品の開発を視野に入れる等、今後の対策が立てやすくなるでしょう。

また、固定費や人件費、販売管理費（または製造原価）やリース料、広告費、借入金等も年計表を作成し、それらの費用の増減も把握しておくと良いでしょう。

さらに、３年分や５年分の年計表を作ることができれば、より長期的な傾向の把握と予測ができます。加えて、ある年計表に大きな変動があった時に、他の年計表がどのような影響を受けていたのかを調べれば、その因果関係がわかり、再発防止のための方策や対処法の構築等もできるようになります

商品別売上計画を作る

複数の商品（またはサービス）を扱っており、商品別売上高年計表を作成した後は、商品ごとの売上計画を決めていきます。たとえば次のように、です（次ページ参照）。

「上昇傾向に入ったA商品は販売を強化して、21億円を目指す。下降を始めたB商品は、仕入数を据え置きか2割減にする。8億4000万円くらいまで減るかもしれないが、その分を、横ばいが続いているC商品の宣伝にまわして、前年比1割増の10億円を目標にしよう」

このように、年計表を参考に各商品の売上高を予想し、大まかな販売方針を決めていきます。

とくにマーケットが異なる商品を複数扱っている場合は、市場動向調査が重要です。

セグメント別目標（2023年度）

売上の部

（単位：千円）

	第15期
A商品	2,100,000
B商品	836,700
C商品	1,001,500
合　計	¥3,938,200-

自社の「強み」が最も活かせるのはどの市場か、これまで「弱み」と認識していた要素が武器に変わるタイミングはないか等、外部環境分析・内部環境分析の結果も踏まえて、商品の優先順位やそれぞれの販売戦略を構築していきます。

最終的には経営戦略方針総括表の「売上高」と、各商品の売上目標の合計額が一致するように調整していきましょう。

製造原価計画を作る

製造業では、商品別売上計画をもとに、製造原価の明細計画表を作成します。

たとえば「A商品の売上21億円」を達

成するために、「1年間で1万個生産しなければならない」とします。そのためには、次のような確認、決定、計画づくりが必要になるでしょう。

- いつまでに、何個生産するかを決定 ↓ 月別生産計画の作成
- 原材料や部品の必要数および在庫数、調達数の確認 ↓ 購買計画の作成
- 生産に必要な従業員数の把握 ↓ 人事計画の作成

その他「外注計画」や「設備投資計画」等が必要なケースもあります。製造原価に関わる費用はすべて計画書に落とし込み、このあと解説する固定費計画や投資計画、資金計画等との整合性を図ることが肝要です。

固定費計画を作る

固定費は、特別な理由がなければ大きく増減することはありません。そのため、過去の実績を見れば予想値を求めることは難しくありません。

最も多くを占める人件費には、従業員の給与のみではなく、賞与、役員報酬、退職

金のほか、社会保険料等の法定福利費、住宅手当や交通費等の厚生福利費、人材育成のための研修費等も含まれています。

固定費を予想して計画を作成する際は、業務に従事する人の給与や賞与、退職金等を「直接人件費」、法定福利費、福利厚生費、人材採用費、教育研修費、役員報酬等を「間接人件費」と、分けて考えます（97ページ）。

投資計画を作る

会社の成長には先行投資が不可欠ですが、過大投資にならないよう費用対効果について十分な検討を行い、堅実な投資計画を作成しなければなりません。

投資の対象は「設備」「人材」「研究」の3つに大別できます。具体的な投資内容や金額を検討する際は、このカテゴリー別に進めていきます。

【設備投資】

土地や建物、工場や機械等に対する、長期間な資金運用です。通常、設備投資は巨額の資金を投じることになるため、中長期計画に沿った長期的・戦略的な視点での計画が不可欠です。

作成する際のポイント

減価償却費

減価償却には「定額法」と「定率法」の２つの計算方法があり、耐用年数に対応する償却率がそれぞれ決まっています。減価償却費は、取得価額に償却率を乗算して算出します。

正しい知識を持っていれば難しい計算ではありませんが、固定資産の減価償却費の予想は、固定資産管理システムの自動計算機能の活用が最も効率的です。

戦略的費用（広告宣伝費、販売促進費等）

広告宣伝費や販売促進費等は、商品別売上高計画および製造原価計画の数値目標を達成するため、ゼロベース思考でアプローチや手法を見直す必要があります。より低いコストで高い効果を狙えるよう徹底的に検討しましょう。

通信費

郵便切手代や宅配便の配達代金、インターネットや携帯電話のサービス内容等は、諸々の社会情勢によって変更されることがあります。さらに、顧客や従業員の増加や、さまざまな工夫によるコスト削減を見込んだうえで、しっかり検討しましょう。

燃料費

ガソリン代や灯油代は、世界情勢に応じて常に変動しています。過去の数字を参考に、大まかな価格上昇率を予想して、見積りに反映させましょう。

支払利息

支払利息の予想値は、金融機関が発行した「返済予定表」に記載されている数字を計算して出します。借入金返済システムを導入している場合は、自動計算で算出されるでしょう。

短期借入金や割引手形の利息（割引料）は、平均残高＜（前期末残高＋今期末予測残高）÷２＞に予測利率を乗算して算出します。

「投資計画」で新規借入金の計画を立てた場合は、別途、その支払利息を加算します。

固定費を予想して計画を

直接人件費

A　給与の年間予想額 →(今期の従業員給与 − 退職金予定者の給与)×予定昇級率

B　賞与の年間予想額

C　退職金の年間予想額

ＡＢＣの合計が、直接人件費の予想額となります。

間接人件費

まず、今期の数字を用いて次の計算を行い、間接人件費の割合を求めます。

間接人件費の割合＝（法定福利費＋福利厚生費＋その他の間接人件費）÷（年間給与額＋年間賞与額）

算出した割合を来期の予想額（A＋B）に乗算したものが、間接人件費の年間予想額です。従業員を対象とした例年にない特別な行事やイベント（創業10周年記念パーティ等）等を開催する場合は、その見積額を加算します。

これは、あくまでも「今期と同じ従業員数」「今期と同じ教育内容」を想定した計算方法です。「投資計画」で新規採用枠を増やす、従業員教育を充実させる計画を立てた場合は、その追加費用が上乗せされます。

地代家賃・リース代

事務所や店舗の移転、または新店舗を開く等の予定がなければ、見積りは同額になります。コピー機や機械、車両等のリース料も、新規契約等の変化がなければ同額です。

需要予測の根拠や投資効果について説明ができることはもちろん、土地や建物への投資であれば、商圏や周辺環境等の立地調査、配置する人員の補充計画、資金調達方法と返済計画についても、万全を期したうえで取り組む必要があります。

会社に十分な資金がなく、新たに資金調達を行う場合は、先に述べた固定費計画の「支払利息」への加算が生じるでしょう。新店舗を開いたり、工場に新しい機械を導入したりした場合は「地代家賃・リース料」や「減価償却費」に影響を与えます。

【人材開発投資】

人材に対する投資には「人材採用投資」と「人材育成投資」の2つがあります。

人材採用投資は、会社の未来を担う優れた人材を発掘するために投じる資金です。求人広告費等の採用費、および新たに採用した従業員の人件費等の予想額は、販売費及び一般管理費に上乗せして、固定費計画に反映させます（製造業務の人件費は製造原価計画に反映させます）。

人材育成投資は、従業員の能力を伸ばし、成長させるための投資です。研修会を実施したり、独自の教育システムを新たに導入したりする場合は、その予想額を販売管理費の研修費に加算し、固定費計画に反映させます。

どちらも、最終的には経営戦略方針総括表の「その他の管理費」の数字に影響を与える投資になります。

【研究開発投資】

新たな自社製品の開発や既存製品のリニューアル等に必要な、市場調査や素材の研究といった活動に対する投資です。その予想額は原則として販売管理費の予算に加算されますが、継続的に使用するシステムには一括払いではないものも含まれるため、税理士等に相談をしながら進めていくことをお勧めします。

資金計画および借入金とリース料の計画表を作る

投資計画のなかでも設備投資は巨額の資金が必要であり、その回収には長い時間がかかります。そのため、どのように資金を調達し、支払っていくのか、綿密な計画を立てなければいけません。

資金調達の方法には、融資、助成金、補助金、クラウドファンディングのほか、社債発行や、新株発行による増資等があります（巻末資料の「『お金を増やす』活動ノート」を参照してください）。調達すべき金額や採択の可能性、会社の状況や支払能力等を総合的に考えて選択することになりますが、返済が必要な場合は、会社経営に支障をきたすことなくその負債を返済できるキャッシュフローが生み出せるかどうか、慎重に検討しなくてはなりません。

「現預金残高に十分な余裕があれば、資金調達をせず、そのまま投資してしまってもいいのでは？」

このように思われたかもしれませんが、現預金残高には銀行からの借入金が含まれていることを忘れてはいけません。そのお金の大部分を投資してしまえば、返済ができなくなる恐れがあります。設備投資の資金を内部留保で賄うことができるとしても、それによって会社が資金不足に陥ってしまっては本末転倒です。

そこで、まずは売上にかかわらず「確実に発生する支払い」を把握しましょう。必要になるのは「借入金返済計画表」および「リース実績計画表」です。この2つの計画表と、これまで述べた種々の計画を合わせれば「どのくらいの資金を調達すれば、必要な運転資金を確保した状態で経営を続けられるのか」が、見えてきます。

【借入金返済計画表】

1年間の返済予定額を算出することはもちろん、複数の金融機関から借入をしてい

返済計画表を作り、状況を把握する

月別・借入金明細書（借入種別） 2020年1月1日〜2020年12月31日 （単位：円）

仮入種別 銀行 適用 返済区分 開始残高		前期残	20／1	20／2	20／3	20／4	20／5	20／6	20／7
短期 A銀行	借入額	85,000	0	0	0	0	0	0	0
	返済額	0	17,139	17,115	17,083	17,057	①17,028	0	0
	利息額	0	139	115	83	57	28	0	0
	残高	0	68,000	51,000	34,000	17,000	0	0	0
	利率	0.00	2.00	2.00	2.00	2.00	2.00	0.00	0.00
短期 B銀行	借入額	0	0	0	0	0	500,000	0	0
	返済額	0	0	0	0	0	②6,506	10,017	10,031
	利息額	0	0	0	0	0	1,506	1,017	1,031
	残高	0	0	0	0	0	495,000	486,000	477,000
	利率	0.00	0.00	0.00	0.00	0.00	2.50	2.50	2.50
総合計	借入額	85,000	0	0	0	0	500,000	0	0
	返済額	0	17,139	17,115	17,083	17,057	③23,534	10,017	10,031
	利息額	0	139	115	83	57	1,534	1,017	1,031
	残高	0	68,000	51,000	34,000	17,000	495,000	486,000	477,000
	利率	0.00	2.00	2.00	2.00	2.00	2.00 2.50	2.50	2.50

A銀行の返済が終了

B銀行の借入開始

①＋②＝③になる

る場合は、月別の返済予定を一元化した表を作ることで、どの月にどれだけのお金を返済のために用意すべきかがわかります。

借入金返済計画表には、金融機関ごとに次の項目を作ります。

- 借入額
- 返済額
- 利息額
- 返済残高

そして一番下に、それぞれの合計額を記載します。

すると「返済が重なっているこの時期は、他の支出は極力抑えよう」「A行から新規に融資を受けたいけれど、B行の返済が5カ月後に完了するから、その後にしよう」等、会社全体の資金調達計画が立てやすくなります。

【リース実績計画表】

借入金の返済と同様に、毎月一定額の支払いが発生するのが、リース料です。リー

返済計画表を作り、状況を把握する

リース実績計画表 2020年1月1日〜2020年12月31日　　(単位：円)

仮入種別 銀行 適用 返済区分 開始残高		前期残	20/1	20/2	20/3	20/4	20/5	20/6	20/7
Aリース	全体額	0	0	0	0	0	0	0	0
	リース額	2,000	2,000	2,000	2,000	2,000	2,000	2,000	0
	利息額	35	35	29	23	18	12	6	0
	残高	10,000	10,000	8,000	6,000	4,000	2,000	0	0
	利率	3.50	3.50	3.50	3.50	3.50	3.50	3.50	0.00
Bリース	全体額	0	0	0	0	0	0	12,000	0
	リース額	0	0	0	0	0	0	0	2,000
	利息額	0	0	0	0	0	0	30	30
	残高	0	0	0	0	0	0	12,000	10,000
	利率	0.00	0.00	0.00	0.00	0.00	0.00	3.00	3.00
総合計	全体額	0	0	0	0	0	0	12,000	0
	リース額	2,000	2,000	2,000	2,000	2,000	2,000	2,000	2,000
	利息額	35	35	29	23	18	12	36	30
	残高	10,000	10,000	8,000	6,000	4,000	2,000	12,000	10,000
	利率	0.00	0.00	0.00	0.00	0.00	0.00	0.00	0.00

Aリースのリース終了

Bリースのリース開始

ス料は、仮に売上がゼロであったとしても、契約書に記された金額を契約期間中、ずっと支払い続けなければなりません。

そこで、リース料を一つの表にまとめた「リース実績計画表」を作成します（前ページ）。複数のリース契約がある場合は、毎月の支払額や将来の負担の増減を可視化しておくことで、資金ショートを防ぐだけではなく、資金繰りを圧迫しない設備投資が実現します。

たとえば、新しい設備をリース契約または購入によって導入したいと考えた時、「4カ月後に複合機のリース契約が終了して、毎月の支払いがほぼ半分になる」とわかっていれば、4カ月後まで待ってから実行することで、リスクを大きく軽減できます。

行動計画を会社、部門、個人でそれぞれ作る

目標を決めて計画を立てた後は、その計画に沿ったアクションを起こします。ただし、数字目標を示しても、具体的にどのような行動を取ればいいのかわかりません。そのため「行動計画」の作成が必要となります。

行動計画の作成は「ビジョンと戦略」の決定から始めます。利益目標を達成するために「何を」「どこに対して」「どのように」「誰が」「どのくらい」行うのかを、具体的に表現するのです。

ここで、外部環境分析・内部環境分析の結果を踏まえて策定した、カテゴリー別の戦略目標を思い出してください。その戦略目標と照らし合わせて、数字目標、行動目標に落とし込んでいきます（110・111ページ参照）。

たとえば、プロダクションの戦略の一例として「粗利の改善」を挙げました。それらを実現するための行動とは、具体的にどのようなものでしょうか。

粗利が増えない原因として、仕入先の値上がりがあったとします。そこで「仕入原価5％低下」によって、粗利の改善を目指すことにしました。これが数字目標です。では、具体的にどうやって仕入原価5％低下を実現するのか？　さらに調べたところ、仕入先を5年以上変更していないことがわかったため、「年1回、3社から相見積りをとって仕入先の再選定を行う」ことにしました。これが行動目標にあたります。

このような作業を、「プロダクション」「マーケティング」「組織マネジメント」「人事マネジメント」「財務マネジメント」の5つのカテゴリーで行います。

この数値目標、行動目標を作る際のポイントは「何を」「どこに対して」「どのように」「誰が」「どれくらい」行うのかを明示することです。

たとえば――

A商品の仕入について（何を）、経営企画部門がエリアごとにチームを作り（誰が）、3社に対して（どこに対して）、見積書をとって比較検討し（どのように）、売上3億円以上、利益5000万円以上（どのくらい）を達成する。

このような感じです。

これを「会社」「部門」「個人」ごとに作成します。

相見積りをとって検討する作業は、組織構造によって異なりますが、経営企画部、総務・管理部、購買部等が主として取り組む業務となるでしょう。その部門に属する従業員一人ひとりが取るべき行動はどのようなものか、会社として担当部門の行動をどのように管理するかを、決めていくのです。

組織図を作り、立場を明確にする

「うちは小規模だから、ハッキリとした役割分担はしてないんだが……」という会社は、この機会に組織図を作成し、それぞれの立場を明確化しましょう。

行動計画を「会社」「部門」「個人」ごとに作成するためには、組織の各部門が何を担い、何を目標として、どのような責任を果たす立場にいるのかが明確になっていることが前提です。そのため、従業員が3人以上いる会社は組織図が必要と考えてください。

「組織図は、一応作っている。何を担当するかは部門名でわかるし……」

では、その部門と所属する個人の「責任」と「権限」について、周知できているでしょうか。組織図を毎年見直し、職務記述書（従業員各人の所属部門の目的や目標、業務範囲等を明記した書類）を現場に合うように作り直しているでしょうか。

責任とは、「新商品の開発」「新規顧客の開拓」「資金調達・管理・財務計画の立案」等、その部門の従業員が何をなすべきかを示すものです。たとえば「顧客のニーズにマッチする自社製品を提案して、契約を結ぶ」という責任は、多くの企業で営業部門が担っているでしょう。

権限には、従業員に指示を与えて動かす権利と、会社の経費を使用する裁量権の2つがあります。社長は両方の権限を持っていますが、すべての事柄に対して社長が判断・命令していては事業活動が滞ってしまいます。そのため、業務に関する決裁権限は通常、重要度に応じて社長から部長、課長、係長へと、徐々に下部の階層に委譲されていきます。下部の従業員に多くの権限を委譲するほど「決裁待ち」が減り、スピード感ある意思決定が可能になりますが、どのような人間にどれくらいの権限を与えるべきかは、慎重に検討しなければなりません。

会社が行う事業のうち、どの部門が、何を担っているのか。

各部門の管理職は各々にどのような権限を持っており、一般従業員にはどの程度の裁量権が与えられているのか。

それらが明確になって、はじめて「どの部門に」「どのような行動をさせるのか」という話し合いができるようになるのです。

戦略目標をもとに、数値目標と行動目標を決める

どの部門がどのような責任を担い、誰がどこまでの権限を持つのかが決まったところで、５つのカテゴリー別に作成した戦略目標に戻り、達成のために必要な「数字目標」と「行動目標」について検討します。

数字目標は「何を」「どれくらい」

行動目標は「いつまでに」「何をするのか」

これを、それぞれ明確にします。

参考までに、例として挙げた戦略目標に、数字目標と行動目標を加えた表を示します（110・111ページ）。

行動計画が完成したら、あとは実行するのみです。

しかし、実際に行動する中で想定外の課題が生じたり、計画の行き詰まりを感じる事態に直面したりすることもあります。その時は、課題解決を試みる、原因を究明して対策を立てる、または数字目標か行動目標を修正する等、柔軟性を持って取り組むことが肝要です。計画の見直しや修正については、次節で説明します。

——戦略目標に数字目標と行動目標を加える

③組織マネジメント

戦略目標	数字目標	行動目標
経営目標の現場浸透	7月末までにOKRを導入	6月末までにOKR管理システムを導入する
発注管理の徹底	12月末に発注・承認フロー確立	9月末までに承認システムを導入する

④人事マネジメント

戦略目標	数字目標	行動目標
個人目標達成支援	６月末、1on1制度を導入	４月末にマネージャー研修を実施する
システム開発の内製化	年内に10名のSEを採用	２月末に直雇用への切り替えを提案する

⑤財務マネジメント

戦略目標	数字目標	行動目標
試算表の提出速度向上	10営業日以内に試算表完成	12月末に販売管理システムの改修を行う
売掛金回収の強化	５月より売掛のアラート開始	４月末までに売掛金リストを作成する

行動計画表(サンプル)

①プロダクション

戦略目標	数字目標	行動目標
粗利の改善	仕入原価５%低下	年１回、３社見積を比較して仕入先の再選定を行う
無償サービスの提供強化	会員サイト登録10%増加	12月末に会員サイトの修正を行う
新事業Aの立ち上げ	新事業A利用者数300名	10月末までに1000名のモニターユーザーを確保する

②マーケティング

戦略目標	数字目標	行動目標
新規リードの獲得	リード獲得数前年比20%増	９月末までに広告代理店と契約する
既存客経由売上の増加	リピート率５%増	12月末にユーザー感謝キャンペーン開始
販促施策の見直し、頻度向上	四半期ごとの販売計画の見直し	５月末にKPIの再設定を行う

中期経営計画を現場に落とし込むマネジメント法

すべての経営数字を公開する必要はない

第1章で、オープンブック・マネジメントの話をしました。経営数字を公開して従業員が会社の現状を正しく認識することで、目標の必要性を深く理解し、創造性が高まり、達成へのモチベーションがアップする、とお伝えしました。

目標を与えられるだけではなく、従業員一人ひとりが現状を正確に把握し、自分が行うべきことを自覚できるからです。

しかし、次のように感じることもあるでしょう。

「トップダウン方式をやめて、従業員参加型の経営方針に転換しなければいけないことはわかるが、すべての数字を公開することには抵抗感がある」

その不安はよくわかります。項目によっては、その数字を全従業員に公開することで不要なトラブルを招く可能性があります。そのため公開する範囲は、その会社の状況によって適切に絞っていきます。

たとえば販売費及び一般管理費は総額のみの公開とし、広告宣伝費や交際費等の内訳の数字まで明かす必要はありません。

もし、次のような議論が従業員から出てきた時、どのような影響があるでしょうか。

「交際費が前期よりも上がっている。社長は一体何に使ったんだ……」

「利益を増やすために経費削減に努めているのに、広告宣伝費に使いすぎだ。今は数百万もかかる大型展示会への参加は見送るべきだ」

社長が会社の将来のために、取引先や顧客に対して必要なお金を投じたのだとしても、数字だけでは「社長が交際費を使った」としか伝わらず、従業員に余計な疑念や不安感を与えてしまう可能性があります。

また、大型展示場で行われる展示会は、仮に500万円かけて出店しても、すぐに売上があがるものではありません。しかし、多くの人々と接点を持つ絶好の機会であるため、提携先が増える等のメリットがあり、長期的に見れば予想外の波及効果で売上増に繋がる可能性があるのです。担当部署はそれを狙って、工夫をこらした企画を作ります。

そのような時に社内で「不要だ」「無駄だ」と言われれば、モチベーションが下がってしまいますし、他の従業員に説明して納得を得ようとすれば、余分な時間と労力が必要になります。

そのため、公開する経営数字のうち、経費は総額のみの公開に止めておいたほうがメリットが大きくなるケースもあります。参考までに、公開範囲の一例を次ページに示します。

どの範囲まで公開するかは、会社の状況に応じて変更しても問題はありません。

「以前は公開していたのに、急に非公開にしたら、変な疑いをかけられるのでは……？」

公開する財務諸表は幹部用、社員用に分ける

貸借対照表

	幹部	社員
流動資産	○	×
固定資産	○	×
流動負債	○	×
固定負債	○	×
資本金	○	○

※流動資産は売掛金のみ社員に公開する

損益計算書

	幹部	社員
売上	○	○
売上総利益	○	○
販売費及び一般管理費	○	△（総額）
営業外損益	○	△（総額）
特別損益	○	△（総額）
当期利益	○	○

※△は総額のみ社員に公開する

人件費や利息の支払い等、詳細な数字は公開する必要はない

その不安がある場合、公開によるデメリットの発生が確実であれば、それは避けるべきです。

たとえば、自社の将来性を見込んで多額の資金供給をしてくれる投資家が現れたとします。その投資家は「最高売上を毎月更新すること」を条件とし、社長はこれに承諾しました。つまり、売上が右肩上がりになっている限り、資金供給が続くのです。

この場合、従業員には「売上」のみを公開し、「売上総利益」や「当期利益」は公開しないほうが、うまくいくでしょう。売上の増加のみに注力すれば、経費削減は二の次になります。その状態で利益を公開すると、

「売上がこんなにあがっているのに、利益が全然増えていない……このままでいいの？」

と、従業員は不安になります。経費の使用に神経質になり、とくに多額の経費を使う部署に批判的・攻撃的になる可能性もあります。そのデメリットは、利益を非公開にすることよりも深刻な問題を引き起こすかもしれません。

経営数字の公開によって大きなメリットが得られる場合は積極的に公開し、デメリットが大きい場合は公開範囲を絞る。これは従業員のみならず、幹部に対しても同

様です。

何を目的に、誰にどこまで公開するべきか。

その判断は、会社の状況に応じて柔軟に行っていきましょう。

月次・四半期ごとに見直しをする

目標が決まり計画が完成しても、現実は計画通りに進むわけではありません。そのため、定期的に目標と実績のズレを確認し、必要に応じて計画の修正を施していく必要があります。

見直しは、毎月行うことがベストです。それが難しい場合は、四半期に一度は絶対にやりましょう。直近の3カ月間の実績を踏まえて、次の6カ月間の修正計画を作成します。

そしてその3カ月後にも同じように、直近の3カ月間の実績から次の6カ月間の修正計画を作成します。そして年度末の3カ月前には、来年度の経営計画作りを始めます。

月次または四半期ごとの見直しで、実績が目標に届かなかった時は、次の2点について話し合います。

①　**目標達成できなかった原因は何か**

②　**目標に届かなかった不足分を、今後どうやって取り戻すか**

②については、攻めるか守るかの2択になります。たとえば、広告宣伝費等に追加資金を投じて今以上のビジネスチャンスをつくる（攻め）か、利益を確保するために経費を可能な限り削減していくか（守り）、等です。

攻めの方針をとれば、コストがかさむとともにリスクも発生します。資金繰りが苦しくならないか慎重に確認するとともに、会計の専門家に相談することもお勧めします。

守りの方針をとれば、リスクを抑えて目標達成に近づけるかもしれません。しかし、売上が低迷している時に経費を削減すると、事業そのものの縮小を招く可能性があり

四半期決算ごとに目標との乖離（かいり）を見る

計画は3カ月ごとに見直し、修正をする

●計画立案のポイント（12月決算の例）

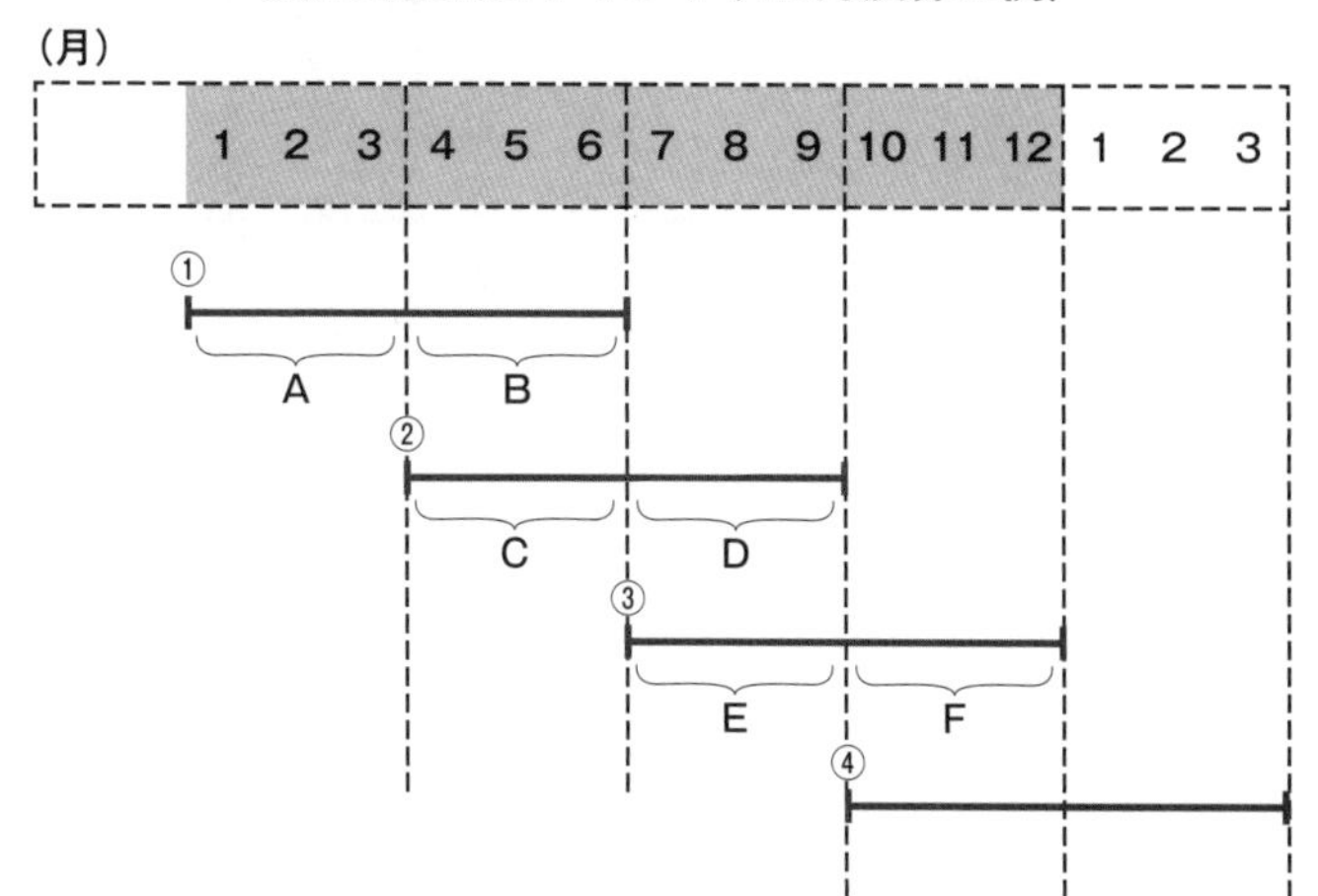

①の時点でできている1～6月の経営計画（A＋B）について、②の時点で見直し、修正計画を立てる。同様に③の時点では、②の時点でできている4～9月（C＋D）の経営計画について見直し、修正計画を立てる。④の時点では7～12月（E＋F）の経営計画について見直し、修正計画を立てる。

●計画を修正・見直しする時の注意点

目標との乖離を見る	⇒四半期ごとに予算と実績を比較し、翌半期の目標を立てる。
商品戦略	⇒翌四半期以降の商品戦略は、社長・幹部が行う。
情　報	⇒社長・幹部は社員から情報（お客様からの情報と競合会社の情報）を吸い上げ、戦略に反映させる。

ます。どの経費をどのくらい削るかは、丹念にシミュレーションを行ったうえで決定しましょう。

どちらの方針を選択するにせよ、修正計画の作成は、マーケットや競合の動き、顧客や取引先の情報、社内の様子等、計画に影響を与えているすべての要因を細やかに分析し、①の原因究明を行ったうえで進めていくべきです。さらに、それが会社のミッションやビジョン、バリューに沿ったものであるか、しっかり確認しましょう。

5 経営計画書を作成する

年間計画作成の手順を理解する

年間計画の作成方法を次ページに示します（4月1日　事業開始の場合）。

幹部での方針書の策定は、経営者や経営陣が現状の状況を鑑みて、来期以降の方針を発表し、商品、人員、売上数字等の策定を中心に行います。

年間計画作成の手順

手順①

2月中旬ころまでに、幹部方針策定（社員数が50名以上の場合）として、幹部のみで大枠の数字や方針を固める

手順②

3月第3週くらいに、全社で共有する意味で、全社方針策定を実施する

手順③

4月第2週までに、経営計画発表会
※最近は、社員総会という名前で開催する会社も増えている

手順④:

7月第1週、四半期経営計画発表
ここでは数字の確認や、いろいろな方針のすり合わせを幹部で行い、全社員に共有する

手順⑤

10月第1週、半期経営計画発表会

手順⑥

1月月初に、四半期経営発表会を行う

第3章

経営計画作成前に現状把握をしよう

1

決算書で会社の体力を知ろう

決算書を読みこなす力を身につけよう

第2章では、経営理念の大事さをお伝えするとともに、経営計画の作り方やマネジメントについて説明しました。このノウハウを用いれば、経営計画書は作成できます。ですが、その前に一つ、身につけていただきたいものがあります。

経営戦略総括表を作成するためには、過去4期分の損益計算書を分析したり、売上高や固定費等の年計表、返済計画表を作成する必要がありました。会計数字を把握すれば、会社の現状がより具体的に見えてくるのです。

そのため、決算書を紐解いて読みこなすことができれば、会社に現在備わっている

「体力」を知ることができます。これは「潰れない会社」を作るために必須の視点であるため、しっかり修得してください。

決算書の内容を理解するうえで必要となる書類は、次の4点です。

・損益計算書(4期分の比較)
・貸借対照表(4期分の比較)
・決算診断予診結果表
・キャッシュフロー計算書

とはいえ、社長が決算書の内容をすべて網羅する必要はありません。決算書には「ここさえ押さえればよい」というポイントがあります。ポイントの数は多くはなく、既存の経営指標や計算式を使うことで、会社の全体像や課題を把握し、かつ的確な計画を作成して事業を進めることが可能です。

本章と次章で、社長が押さえておくべきポイントを説明していきます。

損益計算書からわかること

何度か述べてきたように、利益は会社が事業活動を進めるためのエネルギーであり、指標です。会社の利益の実態が詳しく記されている損益計算書は、計画書を作成する際に必ず参照する書類の一つです。

損益計算書には、次の5種類の利益が記されています。

① 売上総利益
② 営業利益
③ 経常利益
④ 税引前当期利益
⑤ 当期利益

この5つの利益の中で、社長が最も注目すべきは③経常利益です。この数値は会社に備わっている実力を知る手掛かりであり、経営計画書を作成する際に必ず必要となります。また、一定期間、継続的に見ることで、会社がどのように変化しているのかを把握することができます。

損益計算書の5つの利益とは?

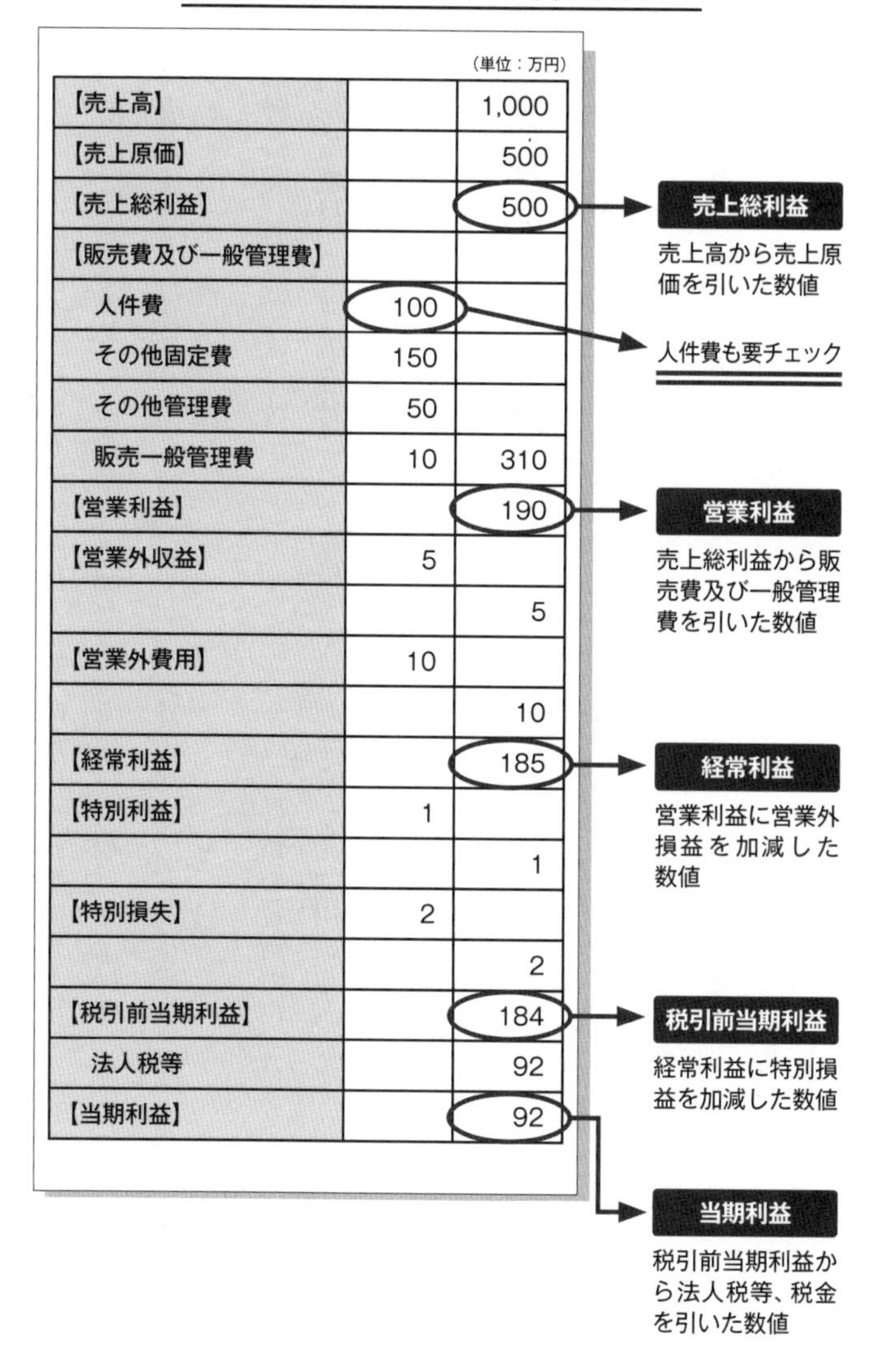

（単位：万円）

【売上高】		1,000
【売上原価】		500
【売上総利益】		500
【販売費及び一般管理費】		
人件費	100	
その他固定費	150	
その他管理費	50	
販売一般管理費	10	310
【営業利益】		190
【営業外収益】	5	
		5
【営業外費用】	10	
		10
【経常利益】		185
【特別利益】	1	
		1
【特別損失】	2	
		2
【税引前当期利益】		184
法人税等		92
【当期利益】		92

なお、損益計算書の利益をみる際は、該当時期の経営計画書と照らし合わせて、当初の計画を実現できたのか否かの確認が必要です。実現できていない場合は、その原因や背景を探り、来期以降の成功に向けて何をどのように変えるのか「作戦」を練りましょう。

経費に関しては、人件費が重要ポイントです。人件費は経費の中で最も大きな割合を占める項目で、その会社の「生産性」を計算するうえで用いられます。生産性の計算方法は、後ほど説明します。まずはこれらのポイントをしっかり押さえておきましょう。

貸借対照表からわかること

貸借対照表は「資産」「負債」「純資産」の3つに分けることができます。資産と負債は、現金化しやすいか否かによって、それぞれ「固定資産（負債）」と「流動資産（負債）」に分かれています。注目すべきは、流動資産と流動負債です。この2項目から、急な支払いにも対応できる現金が会社にあるかどうかを読み解くことができます。

貸借対照表の構成と押さえるべきポイント

（単位：万円）

科目	金額	科目	金額
流動資産	2,080	流動負債	1,300
現金預金	1,000	支払手形	500
受取手形	500	買掛金	300
売掛金	300	短期借入	300
有価証券	100	その他	200
棚卸資産	50	固定負債	400
前払費用	20	長期借入	300
仮払金	10	その他	100
その他	100	負債合計	1,700
固定資産	1,400	資本金	1,000
有形固定資産	1,250	資本剰余金	500
建物	500	利益剰余金	300
機械	200	評価・換算差額等	80
車両運搬具	50	純資産合計	1,880
土地	500		
無形固定資産	50		
投資等	100		
繰延資産	100		
資産合計	3,580	負債・純資産合計	3,580

流動資産：1年以内に現金化できるもの。特に現金預金、受取手形、売掛金、有価証券等の当座資産

棚卸資産：在庫になるので、現金化できない

固定資産：1年以内に現金化できないもの

資産合計：資産が多ければ、支払い能力に余裕があるといえる

流動負債：1年以内に現金化されるもの

固定負債：流動負債に比べて現金化されにくい

負債合計：現金化されるものが少ないほうが支払い能力に余裕があるといえる

支払い能力に余裕がなくなると会社経営が危なくなる。資産の中で現金化できる時期と、支払うべき負債とのバランスを常に考えておこう！

■5つの経営指標を計算しよう

「会社の『体力』と言われても、いまいちピンとこない。それを測定する指標はあるの？」

「決算書の意味はわかってきたけれど、自社の経営状態について総合的に評価したい時は、どのような項目に着目すればいいの？」

このように疑問に感じる方は多いでしょう。本項では会社の「体力」を測定し、経営の評価を行う指標について簡単に説明します。また、損益計算書と貸借対照表に記載されている数値を用いて、各指標の計算方法も示します。

次節から①～⑤それぞれの項目について、詳しく説明していきます。

5つの経営指標の概要

①収益性：会社の稼ぐ能力を測る指標

「総資本経常利益率」からチェックします。会社がどのくらい効率よく利益を上げているのかを知ることができます。

【総資本経常利益率＝損益計算書の「経常利益Ⓔ」÷貸借対照表の「総資本（資産合計または負債・純資産合計）Ⓘ」× 100】

②資金性：会社の借金（負債）を返済する能力を測る指標

「流動比率」からチェックします。1年以内に返済する必要がある負債（流動負債）を、すぐに現金化できる資産（流動資産）で賄えるかどうかがわかります。

【流動比率＝貸借対照表の「流動資産Ⓕ」÷貸借対照表の「流動負債Ⓖ」× 100】

③安全性：会社の倒産リスクを測る指標

「自己資本比率」からチェックします。総資本のうち、返済が必要のない自己資本（純資産）がどの程度あるのか、負債（借金）に依存せずに経営できているかがわかります。

【自己資本比率＝貸借対照表の「自己資本（純資産Ⓗ）」÷貸借対照表の「総資本Ⓘ」× 100】

④安定性：会社が安定して稼ぐことができているかを測る指標

「安全余裕率（経営安全率）」からチェックします。経営にどれだけ余裕があるのか、借金への耐性があるのかを知ることができます。

【安全余裕率＝（損益計算書の「売上高Ⓐ」ー「損益分岐点売上高」）÷損益計算書の「売上高Ⓐ」× 100】

⑤生産性：会社の人材の活用度を測る指標

「労働分配率」からチェックします。労働分配率の値が小さければ、人件費が効率よく使われ、効率的な事業経営が行われていることになります。ただし、あまり小さすぎると低賃金や過重労働に陥っており、社員の満足度が低下している可能性があるので注意が必要です。
【労働分配率 ＝損益計算書の「人件費Ⓒ」÷「限界利益Ⓑ」× 100】

5つの重要な経営指標とは

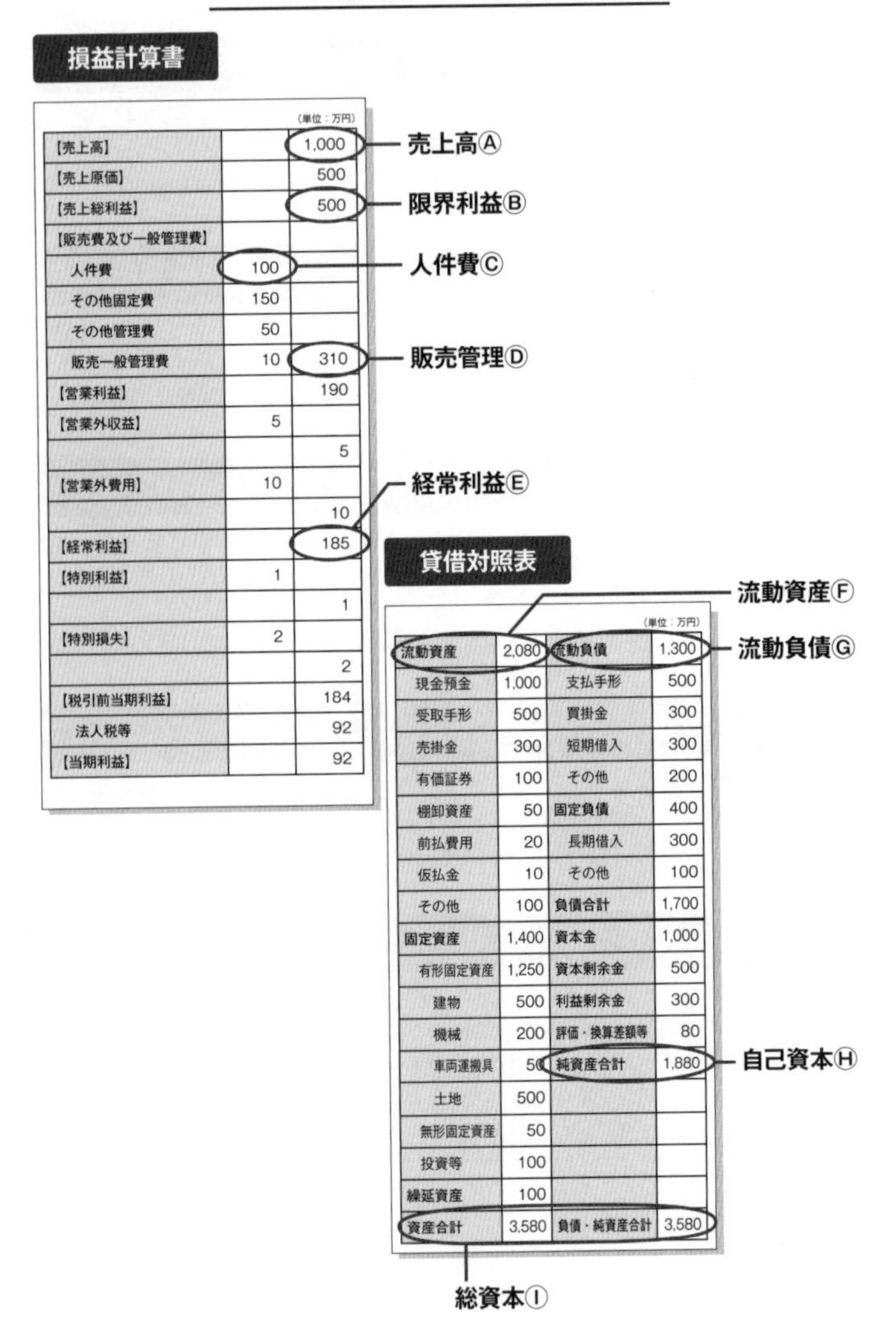

損益計算書

(単位：万円)

【売上高】		1,000
【売上原価】		500
【売上総利益】		500
【販売費及び一般管理費】		
人件費	100	
その他固定費	150	
その他管理費	50	
販売一般管理費	10	310
【営業利益】		190
【営業外収益】	5	
		5
【営業外費用】	10	
		10
【経常利益】		185
【特別利益】	1	
		1
【特別損失】	2	
		2
【税引前当期利益】		184
法人税等		92
【当期利益】		92

貸借対照表

(単位：万円)

資産		負債・純資産	
流動資産	2,080	流動負債	1,300
現金預金	1,000	支払手形	500
受取手形	500	買掛金	300
売掛金	300	短期借入	300
有価証券	100	その他	200
棚卸資産	50	固定負債	400
前払費用	20	長期借入	300
仮払金	10	その他	100
その他	100	負債合計	1,700
固定資産	1,400	資本金	1,000
有形固定資産	1,250	資本剰余金	500
建物	500	利益剰余金	300
機械	200	評価・換算差額等	80
車両運搬具	50	純資産合計	1,880
土地	500		
無形固定資産	50		
投資等	100		
繰延資産	100		
資産合計	3,580	負債・純資産合計	3,580

「収益性」「資金性」を把握する

「総資本経常利益率」から会社の収益性を分析

「収益性」とは「会社の稼ぐ能力を測る指標」です。効率的に資本を運用し、利益を出すことができているのか否かを示すものと言えます。

収益性の目安となるのは「総資本経常利益率」で、「経常利益 ÷ 総資本 × 100」で算出できます。貸借対照表の一番下に「資産合計」ないし「負債・純資産合計」として記載されているのが総資本で、会社が資本として運用することができるすべての資産（総資産）です。

利益に関しては、「経常利益」を用います。総資本に対して経常利益の比率が大きいほど総資本経常利益率の値が大きくなり、収益性が高い会社、稼ぐ能力が備わっている会社ということになります。

一般的に、総資本経常利益率の値は1％以上5％未満であれば平均的な会社と見なされます。5％以上8％未満であれば健全、8～15％未満であれば優良、15％以上であれば非常に効率の良い資産運用がなされていると言えるでしょう。1％を切ると、資本を効率的に活用できず、稼ぐことができていない状態のため、経営の見直しが必要となります。

ただし、これらはあくまで目安であり、理想的な数値は企業の規模や業種・業態によって異なります。大企業のほうが中小企業よりも総資本経常利益率が高くなる、製造業のほうが非製造業よりも総資本経常利益率が高くなるという傾向もあります。これらを考慮したうえで、参考にするようにしましょう。

なお、収益性は「売上利益率」からも知ることができます。売上利益率は、損益計算書の「売上総利益 ÷ 売上高 × 100」によって算出可能です。この数値が大きければ、原価（仕入値）に対して効率よく稼ぐことができています。

◢「流動比率」から資金繰りの状態を分析

会社の「資金性」の目安となる「流動比率」からは、その会社の資金繰りの状態を知ることができます。具体的には、短期的な支払い能力や、当座の資金を調達する力が会社に備わっているかどうかがわかる、ということです。

「流動比率」は、「流動資産 ÷ 流動負債 × 100」で求められます。すぐに現金化できる流動資産が多く、1年以内に支払いや返済の必要がある流動負債が少ないほど、流動比率の数値は大きくなり、短期的な支払いに対応するだけの「体力」がある健全な会社であると言えます。

一般的な会社では、流動比率の値は100%以上130%未満です。つまり、債務をすべて返済できるだけの「体力」が備わっている状態であり、これが通常です。130%以上150%未満であれば健全な状態、150%以上200%未満であれば良好な状態にあると言えるでしょう。200%以上は、理想的な資金繰りがなされている非常に優良な会社です。

これに対し、流動比率が100%を切ると、資金繰りが不安定で危険な状態ということになります。この状態を放置すると、手元の資金が足りず、資金ショートを起こしてしまうかもしれませんし、銀行による格付けや、融資や助成金・補助金の申請に悪い影響が出る可能性もあります。すぐに現金化できる資産を増やさなければなりません。

ただし、総資本経常利益率と同様に、流動比率も会社の業種・業態によって異なります。

また、流動比率を用いる際は、流動資産に含まれる棚卸資産に注意しなければなりません。棚卸資産には、資金源としては必ずしもあてにならないものが含まれています。そのため、流動比率から資金繰りの状態を正確に把握できるとは限りません。

その会社の資金繰りの状態や余裕資金（金融資産のうち、使い道が確定している金融資産、借入金により取得した金融資産、借入金の担保になっている金融資産以外の金融資産）について、より厳密に把握したい場合は、流動資産の中で当座資産のみに着目した「当座比率」を用いると良いでしょう。当座比率は「当座資産 ÷ 流動負債 × 100」で算出し、一般的にはこの値が100％以上あれば、当座の資金繰りに問題がないと言われています。

「安全性」「安定性」「生産性」を把握する

「自己資本比率」から安全性を分析

「安全性」とは会社の倒産リスクを測る指標であり、「自己資本比率」からチェックできます。

自己資本比率とは、その会社が所有するすべての財産（総資本）のうち、返済不要のお金や株式がどの程度あるかを示す値で、「自己資本 ÷ 総資本 × 100」で求めることができます。「自己資本」は、貸借対照表で「純資産」として記されている値のことです。

自己資本比率が高いほど、返済不要のお金が豊富な状態であるため、倒産のリスクが低くなります。また、自己資本には当期利益も含まれているため、利益を出し続ける体質の会社は必然的に自己資本比率が高くなります。借金が少ないということでもあり、金利負担も軽いと考えられます。

逆に自己資本比率が低ければ、返済すべき借入金等の負債に頼って経営が行われており、資金繰りが厳しいことを意味します。借金による金利の負担が大きくなり、銀行からの評価が下がって資金調達がさらに困難になる……という悪循環に陥る危険性もあります。

なお、自己資本比率は、一般的に2％以上15％未満であれば、その会社は通常の状態にあると見なされます。15％以上28％未満であれば健全な状態、28％以上40％未満であれば良好な状態と言えるでしょう。40％以上であれば、会社の財務は理想的な状態です。15％未満であれば、財務の見直しが必要です。

自己資本比率も、会社の規模や業種・業態等によって数値が異なります。基本的には高いほうが良いとされていますが、その会社の信用が薄く、銀行からの融資が下りないため数値が高くなっているというケースもあります。さらに、自己資本は主として資本金・資本剰余金・利益剰余金から構成されますが、先の2つは株主が出資したものなので、株主に配当しなくてはなりません（実際は、ほとんどの中小企業では配当されていませんが）。自己資本比率を用いて会社の安全性を分析する際には、数値だけ眺めるのではなく、これらの点も考慮するようにしましょう。

「安全余裕率」から安定性を分析

「安全余裕率」は、「（売上高 − 損益分岐点売上高）÷売上高×１００」で算出できます。

損益分岐点とは、赤字（損失）を避けるために最低限達成しなくてはならない売上高のことで、固定費÷限界利益で求めることができます。なお、限界利益は「売上総利益」で代替可能です。

なお、売上高から損益分岐点売上高を引いた値を「余裕利益」と呼びます。これは会社の手元に残る利益と言うべきもので、商品・サービスの売上の中で利益がどのくらい残るのかを表す数値と言えるでしょう。

したがって、安全余裕率の数値が高ければ、会社の経営が安定していると言えます。

不況に強く、大きく売上が落ちない限りは赤字に転落するリスクが小さいと考えられます。

一般的に、安全余裕率の値は0％以上5％未満であれば平均的な状態、5％以上10％未満であれば健全な状態にあると言えます。10％以上15％未満であれば良好な状態、15％以上なら経営にかなりの余裕があります。0％未満の場合は、経営不振に陥っている可能性があります。

ただし、この数値もあくまで目安です。

一般的に固定費が多くなる会社は、安定余裕率が低くなります。そのため、経営を安定させるために安全余裕率の値を改善したい場合は、売上高を伸ばすか、損益分岐点売上高を下げるかの、どちらかに取り組む必要があります。経費（固定費・変動費）をカットすれば、損益分岐点売上高の数値が下がります。売上の改善が難しいようであれば、こちらに取り組みましょう。

なお、固定費のカットに取り組む際は、時間当たりの生産性を上げることが最も効果的です。社員の労働管理を見直して必要のない残業をなくしたり、仕事のスピードが上がるよう工夫しましょう。業務を一部外注委託したり、電子化を進めるのも一策です。

■「労働分配率」から生産性を分析

人件費は、規模の小さな会社の経費では、非常に大きなウェイトを占める項目です。そして「労働分配率」は、その会社が生み出した利益のうち、どれだけ従業員に還元したのかを表す数値であり、「人件費 ÷ 限界利益 × 100」で算出できます。限界利益は「売上高 − 変動費」で計算しますが、この数式では「売上総利益」に代替可能です。

他の数値とは異なり、労働分配率は低いほうが良いとされています。高い場合は、人件費がかさみ、経営が圧迫されている可能性があるためです。社員の給与手当や役員報酬、法定福利費・福利厚生費、退職金等が多いのは良いことですが、あまりに膨らみすぎると、営業利益や経常利益等、会社に残る利益が少なくなってしまいます。また、労働力を効率的に活かすことができず、会社の事業活動の生産性が低い場合も、労働分配率は高くなります。

一般的に、労働分配率は40％以上45％未満であれば平均的な状態、35％以上40％未満であれば健全な状態、30％以上35％未満であれば良好な状態にあると言えます。30％を切っていれば、非常に効率の良い経営がなされていると見なされます。

ただし、労働分配率の値が低すぎると労働条件や労働環境が悪く、社員の満足度が下がっていることも考えられます。また、機械化が進んでいる会社では人件費がかからないため、労働分配率は低くなりますが、代わりに機械のリース料やメンテナンス代がかさむ場合があるため、注意が必要です。

また、会社の規模や業種・業態等によっても数値は異なります。たとえば、IT企業やサービス業等の労働集約型の会社は、労働分配率が高くなります。一方、飲食業は広告宣伝費が経費の多くを占めるため、数値が低くなる傾向にあります。その他、中小企業は大企業よりも労働分配率が高くなる、創業期の会社は利益をあまり多く出すことができないため、労働分配率が高くなる等の傾向も見られます。

理想的な状態は、会社が確実に利益を出すことができており、社員の給与が高く、労働分配率の数値が高すぎないという状態です。先に説明した注意点も考慮したうえで、労働分配率の数値を参照しながら、この状態を目指しましょう。

第4章

お金の回し方

1 会社の会計数字を理解しよう

優秀な経営者は数字で把握している

ここまで、会社を継続させるためには「変化に対応できる会社」になる必要があり、そのためには経営理念と目標が必須であるという解説をしてきました。

また、目標の実現にはお金が必要であり、さまざまな資金調達方法があること、その前提として会社の現状を数字で把握し、過去の数字を参照して経営計画を作成しなくてはならないことも、ご理解いただけたと思います。

それでは、実際に資金調達をして計画を実行し、会社を続けていくためには、経営者は普段から何に気をつければよいのでしょうか？

理解しておくべき3つの利益

経営者が把握しておくべき会計数字の一つに「利益」があります。第3章で説明したように、利益には、「限界利益」「営業利益」「経常利益」の3種類があります。

それぞれを求めるための数式を、おさらいしておきましょう。

- **限界利益 ＝ 売上高 − 変動費**
- **営業利益 ＝ 売上高 − 売上原価 − 販売費及び一般管理費**
- **経常利益 ＝ 営業利益 ＋ 営業外収益 − 営業外費用**

この3つの利益の中で、まず経営者が把握しておく必要があるのが、「限界利益」です。限界利益は、会社が利益を出しているかどうかを判断する指標となる数値です。この数字が「＋」であれば、売上が増えるほど利益も増えます。しかし「－」になると、売上が増えるほど赤字が膨らむので要注意です。

具体的な例で考えてみましょう。

あなたはお昼時に、街中でサンドイッチを販売するお店を始めることにしました。用意したのは、サンドイッチを載せる2万円の台。サンドイッチは自分で作るのではなく、1個500円のサンドイッチを100個仕入れて、1個750円で売ることにします。

サンドイッチすべてを売ることができた場合、売上高は7万5000円です。経費にあたるのは、サンドイッチ100個の原価5万円と、台の2万円。台は明日以降も使用できますが、ここでは「本日の利益」に限定して考えるために変動費に入れます。

すると、限界利益は5000円。1個当たりの利益は50円になります。

さて、お店を始めた本日、サンドイッチの売れ行きは順調でしたが、お昼時を過ぎた時点で7個余ってしまいました。返品ができないので、値引きしてでも売らなければいけません。

限界利益をマイナスにしないためには、いくらまでの値引きが可能でしょうか？

まず、7個余ったということは、93個は売れたということなので、売上高は6万9750円。ここから変動費の7万円を引くと、限界利益はマイナス250円となります。

つまり、7個のサンドイッチで250円以上の売上を出すことができれば、本日は利益を出せるということです。

時間帯や人通りを見て、この後いくつ売れそうか、どこまで安くしたら買ってもらえるかを考えて、1個250円にしたり、3個以上売れると判断すれば100円まで値引きしても構わない、ということになります。

このように、限界利益はある商品が売れない場合、いくらまで値引きが可能かという判断に役立ちます。

良質な経営計画を作成するためにも、限界利益はしっかり押さえておくようにしましょう。

経営者が頭に入れておくべき数字とは

3つの利益が重要なのはおわかりいただけたと思います。他に、経営者が把握しておくべき数字はあるのでしょうか？

あります。ここでは、経営判断を行う際に参考にすべきポイントについて説明します。

頭に入れておくべき3つのポイント

経営者が頭に入れておくべき数字と情報は、次の通りです。

①「会社のお金」に関する数字と情報

- 会社の手元にあるお金の額
- 月末の支払総額
- 経費の中で大きなウェイトを占めている項目とその金額
- 過去3年間で大きく増えた経費
- 人件費の総額
- 未回収の代金（売掛金）の合計金額と、その支払期限
- 会社の主な利益源となっている項目

②商品・在庫に関する数字と情報

- 自社のヒット商品

・長期在庫化しかねない製品の有無（時代遅れの商品、廃盤品等）

③　**顧客に関する数字と情報**

・主力となっている顧客層についての情報（年齢、性別、エリア等）
・3年以上にわたるリピーターの割合
・今年の新規顧客の人数
・商品・サービスを1回購入したきりで、定着していない顧客の人数

業種業態によっても違いますが、経営者はこれらの数字や項目を頭に入れるだけでなく、必要に応じて自分でグラフ化できる状態にしておくべきです。それができて初めて「自分は会社の数字を把握し、現在どのような状態にあるかを理解している」と胸を張って言うことができるのです。

お金が残る改善をし続けよう

キャッシュフロー計算書からわかること

「キャッシュフロー計算書」とは、会社の一定期間におけるお金の増減や、その理由をまとめた表です。第3章で説明した損益計算書と貸借対照表と同様に、会社の決算には必要な計算書です。なお、ここで言う「キャッシュ」は現金だけではなく、普通預金や当座預金、満期日または償還日までの期間が3カ月以内の定期預金、短期手形、譲渡性預金、コマーシャル・ペーパー、売戻し条件付現先、公社債投資信託等の「現金等価物」も含まれます。

キャッシュフロー計算書の構成

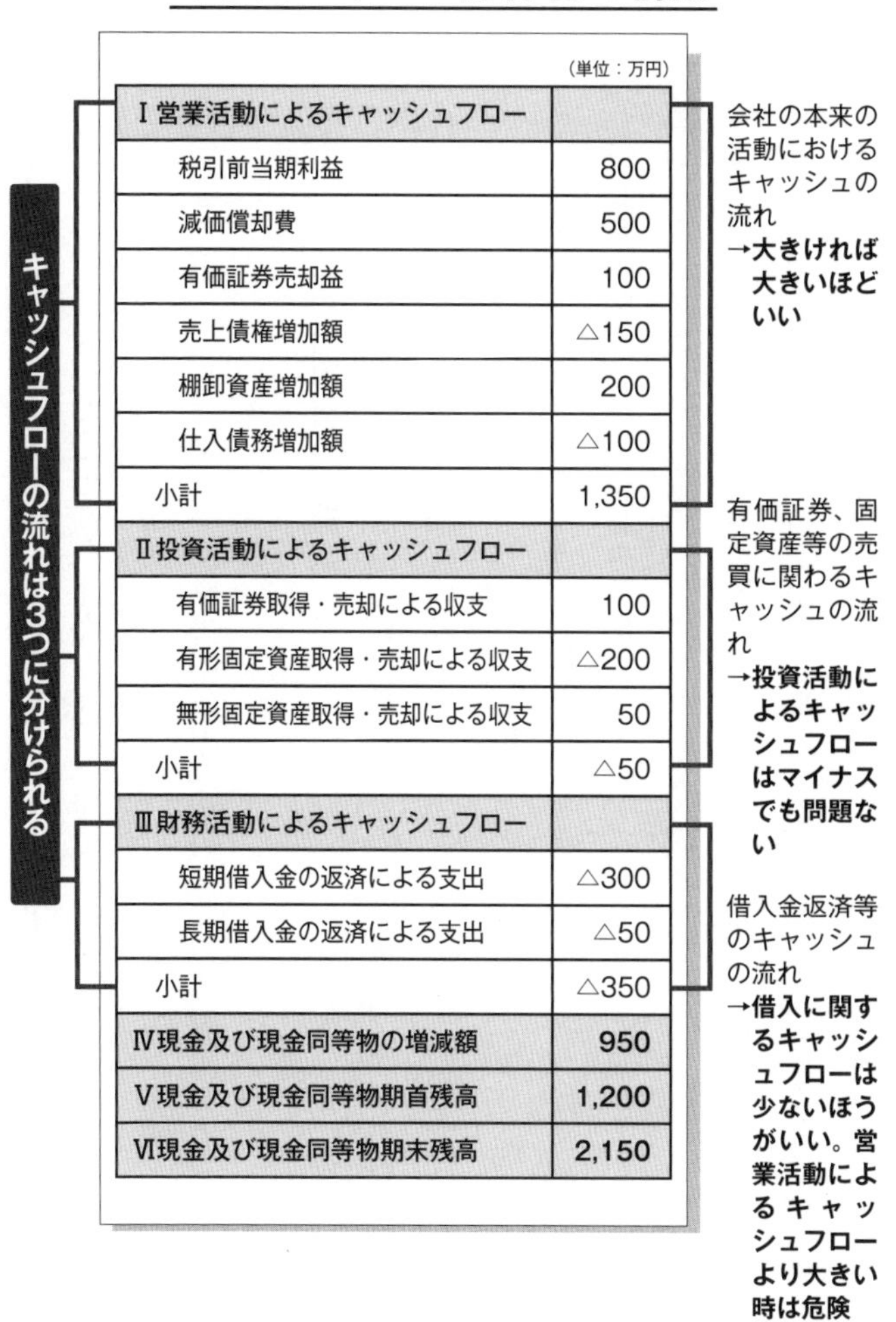

（単位：万円）

Ⅰ営業活動によるキャッシュフロー	
税引前当期利益	800
減価償却費	500
有価証券売却益	100
売上債権増加額	△150
棚卸資産増加額	200
仕入債務増加額	△100
小計	1,350
Ⅱ投資活動によるキャッシュフロー	
有価証券取得・売却による収支	100
有形固定資産取得・売却による収支	△200
無形固定資産取得・売却による収支	50
小計	△50
Ⅲ財務活動によるキャッシュフロー	
短期借入金の返済による支出	△300
長期借入金の返済による支出	△50
小計	△350
Ⅳ現金及び現金同等物の増減額	950
Ⅴ現金及び現金同等物期首残高	1,200
Ⅵ現金及び現金同等物期末残高	2,150

非上場企業には作成が義務づけられていませんが、損益計算書や貸借対照表では把握することができないお金の流れをたどることができます。また、現時点で会社の手元にどれだけのお金があるのかがわかります。

ここでは、キャッシュフロー計算書の活用方法等について説明します。

キャッシュフロー計算書の構造

キャッシュフロー計算書では、会社にお金が入った場合はプラス、お金が出ていった場合はマイナスで数字が記載されます。

なお、会社のお金の増減は、次の3つに区分されて記載されます。それぞれのカテゴリーと、記載される数字がプラスの場合とマイナスの場合について説明します。

① 営業活動によるキャッシュフロー

商品やサービス等の営業取引から生じたお金の動き

プラスの場合　：事業で利益を出し、会社のお金が増えていると判断できる状態。

マイナスの場合：事業で利益が出ていない状態。この状態が続くと資金不足に陥るので、早急な対処が必要と考えられる。

② 投資活動によるキャッシュフロー

固定資産や有価証券の取得および売却等、会社の投資活動に関係するお金の動き。
プラスの場合　：保有する固定資産等を売却することで、会社のお金を増やしている状態。経営が順調ではない可能性がある。
マイナスの場合：固定資産等を購入する等、将来に向けて投資が行われている状態。事業が成長する可能性がある。

③ 財務活動によるキャッシュフロー

金融機関からの借入と返済、株式の発行、株主への配当金の支払い等、会社の資金調達および返済によって生じたお金の動き。借入の場合は、営業活動によるキャッシュフローよりも大きくならないほうがよい。
プラスの場合　：融資や出資により、会社のお金が増えている状態。
マイナスの場合：借入金の返済が行われている状態。事業が順調で、会社のお金に余裕があると考えられる。

これらの内容を参考にして、キャッシュフロー計算書を見る時には、どの種類のキャッシュフローがどのように変化しているのか着目しましょう。

キャッシュフロー計算書から会社の現状がわかる

キャッシュフロー計算書は、会社の現状を大まかに知る手掛かりになります。先に述べた3つのキャッシュフローのパターンを読み解く方法について、説明します。

① 営業活動が「＋」、投資活動が「－」、財務活動が「－」

営業活動で稼いだお金で、固定資産を買う等の投資を行い、かつ借入金の返済や株主への配当が行われている状態。経営は順調と考えられる。

② 営業活動が「＋」、投資活動が「－」、財務活動が「＋」

営業活動は順調だが、借入を増やして積極的に投資している状態。会社が成長過程にあると考えられる。

③ 営業活動が「＋」、投資活動が「＋」、財務活動が「－」

営業活動で利益を上げているが、保有する固定資産等を売却して資金を増やしている状態。その資金を借入金の返済に充てている場合は、事業や財務の改善段階にあると考えられる。

キャッシュフローから会社を診断する

営業活動によるキャッシュローがプラスの場合			
会社の状況	営業活動	投資活動	財務活動
順調	＋ プラス	− **マイナス**	− **マイナス**
これから	＋ プラス	− **マイナス**	＋ プラス
踊り場	＋ プラス	＋ プラス	− **マイナス**

営業活動によるキャッシュフローがマイナスの場合			
会社の状況	営業活動	投資活動	財務活動
しきり直し	− **マイナス**	− **マイナス**	＋ プラス
行き詰まり	− **マイナス**	＋ プラス	− **マイナス**
破産寸前	− **マイナス**	＋ プラス	＋ プラス

④ **営業活動が「－」、投資活動が「－」、財務活動が「＋」**

営業活動では利益を上げていないが、借入金で資金を調達し、投資を積極的に行っている状態。新興企業や、再建途上にある会社と考えられる。

⑤ **営業活動が「－」、投資活動が「＋」、財務活動が「－」**

保有する財産を売却したお金で、営業活動で生じた赤字を補填し、借入金の返済をしている状態。銀行がお金を引きあげる等、経営が行き詰まっていると考えられる。

⑥ **営業活動が「－」、投資活動が「＋」、財務活動が「＋」**

営業活動での赤字を保有する財産の売却と、借入等によって補っている状態。経営が危険な状態にあると考えられる。

ただし、これらはあくまで目安です。会社の経営がうまくいっていない原因が、キャッシュフロー計算書で把握できる要素以外に存在するケースもあります。「キャッシュフロー計算書がこうなっているということは、こういうことが起こる兆候なのかもしれないな」程度に考えて、不安や疑問があれば、税理士や会計士に相談してみましょう。

前受金ビジネスで資金に余裕をもたせる

今、自社にどれだけのお金があるか。

経営者は常にこれを頭に入れておくべきです。手元のお金が不足すると当座の支払いもできず、事業が行き詰まってしまいます。

手元のお金が不足しがちな会社は、いわゆる「減運」の会社です。この「運」は「運転資金」のことで、減運の会社とは「仕事を受ければ受けるほど、会社の運転資金が出ていってしまう会社」を指します。

たとえば建設業の場合、資材費や人件費等の経費の支払いが先行し、売上の入金は現物引換や手形によって数ヵ月後に行われます。こうした会社では手元のお金が不足する傾向にあり、先方からの支払いが滞れば、資金繰りが行き詰まる可能性が高くなります。最近ではホームページ制作業者やソフトウェア制作業も、このような「減運」の会社になりやすいとされており、注意が必要です。

資金ショートを防ぎ、仕事を受ければ受けるほど会社の運転資金が増えていく会社、すなわち「増運」の会社になるためには、「前受金ビジネス」に切り替える必要があります。

「減運」の会社から「増運」の会社を目指す

前受金ビジネスは、エステサロンや英会話教室、スポーツジム等が導入しています。新聞や雑誌等の年間契約代金もこれに当たります。仕事を受ければ受けるほど運転資金が増えるので、資金繰りに余裕ができます。

業種によっては難しい部分もあると思いますが、既存の事業を前受金ビジネスに切り替えることが可能かどうか、一度検討をしてみましょう。

たとえば、年間契約で月々の代金に割引サービスを付ける、一定期間のサービス料を先払いしてもらう月会費・年会費制度を導入する、契約締結時に着手金を支払ってもらう等、さまざまな方法があります。

前受金ビジネスの注意点

ただし、急に契約の解除が生じた場合や、会社の事業が失速した場合、前受金ビジネスは大きなリスクを引き起こすので、注意が必要です。

たとえば、２００７年10月に経営破綻した英会話教室のＮＯＶＡは、前受金ビジネスで増やしたお金を広告宣伝費に投じてコマーシャルを打ち、他の企業よりも認知度を上げて会員を増やしました。事業規模が拡大して知名度が上がれば、広告の費用対効果もアップしますから、さらに多くの入会者を呼び込むことができます。一時はこれがうまくいき、前受金が順調に入ったため、余裕のある経営ができました。

しかし、このビジネスモデルの場合、会員が減ったり、契約が中断される等、一定金額の前受金が入ってこなくなれば、広告宣伝費を回収できなくなります。実際、NOVAでも会員の解約が相次いだことで資金繰りが苦しくなり、倒産へと追い込まれてしまいました。

「お金が手元にある前提」の経営をしていると、その前提が崩れた時、重い固定費を支払えなくなってしまうのです。

したがって、前受金ビジネスを行う場合は、「前受金頼み」でどんどん資金を投下してはいけません。たとえば、新聞の年間購読契約は、ある程度は契約の更新が見込めますが、競争が激しい英会話教室やエステ等では、さほど顧客の契約更新をあてにできないため、要注意です。

減らすべき4つの勘定科目

会社の手元により多くのお金を残し、資金繰りに余裕のある経営を行うためには、高い利益を生み出せる経営体質への転換が必須です。より多くの利益を上げることができれば、資金繰りにも余裕ができます。

並行して、会社のキャッシュフローを確認し、これを悪化させる要因を減らしていく必要があります。キャッシュフローが悪化すると、手元のお金が足りなくなり、商品の仕入や従業員への給与の支払いができなくなり、経営が行き詰まります。

そのような事態を防ぐために、ここではキャッシュフローの悪化に繋がる「要注意の勘定科目」について説明します。

【売掛金】

売掛金は、顧客や取引先に商品やサービスを提供した際、後で代金を受け取る権利のことです。

貸借対照表では流動資産の項目に記載されていますが、実際には代金をまだ受け取っていないので注意が必要です。

回収が遅れてしまうと、会社の資金繰りが苦しくなります。また、売掛金の回収には時効があり、一定期間を過ぎると支払いを請求する権利は消滅します。それを避けるためにも、締め日や入金日を確認して不良債権化を避けましょう。

お金（現金預金）を増やすには、勘定科目の改善が必要

1 貸借対照表（負債の部は上からゼロに近づける）

勘定科目	改善の視点	勘定科目	改善の視点
現金・預金	できるだけ増やす ↗	支払手形	限りなくゼロにしたほうがよい ✕
売掛金	②これらすべてをゼロに近づければ、資金がまわる	買掛金	↑下から増やす
棚卸資産（在庫）		賞与引当金 未払消費税 納税引当金	
貸付金 仮払金 未収入金		前受金	③前受金を増やす
固定資産税（建物・機械・車・土地等）減価償却引当金		借入金	
		負債合計	
無形固定資産（特許権・商標権等）	ただし、これだけは積極的に増やすとよい	資本金 内部留保 当期利益	①税金を払う ※利益を出さないとお金は残らない
投資等（保険掛金・有価証券・ゴルフ会員権等）		純資産合計	
資産合計		負債・純資産合計	

2 損益計算書（ＰＬの改善は下から）

勘定科目	改善の視点
売上高	③売上をつくる ※社長の仕事は、継続的に売上が伸びる仕組みをつくること
変動費（売上原価）	②売上原価を下げる ※ただ外注先に下げろと要求するだけではNG
限界利益（売上総利益）	
固定費 A．人件費 B．教育研修費 C．販売費 D．広告宣伝費 E．維持・管理費	
A＋B＋C＋D＋E 必要経費	①余分な経費を下げる
営業利益	↑下から計画する
営業外損益・特別損益 法人税等充当金・税引後利益	

【過剰投資（＝棚卸資産）】

貸借対照表の流動資産の項目に記されている棚卸資産とは、いわゆる在庫のことです。棚卸資産が生まれる主な原因は、過剰投資です。今後の売上を見越して「この商品は間違いなく売れる！」と考え、大量に製造した結果、売れ残りが出てしまったというパターンです。会社のお金が活用されていない状態と言えます。

【貸付金】

貸付金は、特定の個人や法人に貸したお金のことです。貸借対照表では資産の項目に記載されますが、決算時まで残っている場合は、いつまでに回収できるのか確認しましょう。なお、売掛金同様、貸付金にも時効があるので要注意です。

【固定費】

固定費は、売上の増減に関係なく一定して発生する費用で、地代家賃や広告宣伝費等が含まれます。

固定費が増大すると、手元に残るお金が少ない（＝利益が少ない）経営に陥りやすくなります。そのため見直しが必要ですが、必要なものまでカットする必要はありません。際限なく減らすのではなく、余分なものを削って節約に努めましょう。

「攻めの費目」と「守りの費目」に注意

資金繰りに余裕ができて、手元にお金が潤沢にある。そうなれば、社長の心にも余裕が生まれ、ますます事業に専念できるようになります。

そのためには、経費の見直しが必要です。

どの経費を、どう見直すのか。それは会社の状態によりますが、参考となるのが「攻めの費目」と「守りの費目」という考え方です。費目とは、使途によって分けた費用の名目のことです。

【攻めの費目】

広告宣伝費や外注費、社員の教育研修費やＩＴ化費用、また消耗品費や水道光熱費、コピー代等が含まれます。

このうち、広告宣伝費からIT化費用までの4つは、いわば「戦略費」で、会社の業績を高めるために必要な費用です。業績が良い時には増やして、さらなる成長を目指しましょう。業績が悪い時も、削ってしまうと事態を打破できないため、最大限かけるようにしましょう。

消耗品費や水道光熱費、コピー代のように会社の経営維持に必要な費用は、業績が悪い時は思い切ってカットすべきです。業績が良い時は、必要な分はケチらずに出しながらも、最適なコストになるように調整しましょう。

【守りの費目】

社員の福利厚生費等、会社を維持するために必要な費用です。とくに福利厚生は社員の満足度に密接に関わっているため、カットするとモチベーションの低下に繋がります。したがって、業績が悪い時でも削ってはいけません。

なお、会社の福利厚生を充実させると、「会社の成長が、社員の生活の安定や充実に寄与している」という気持ちが得られるため、社長の自己肯定感も満たされます。

ただし、一度福利厚生のレベルを上げてしまうと、業績が悪化して元のレベルに戻さざるを得なくなった時に、社員の不満が高まります。
「増やしたら、元に戻せない」ことを意識し、業績が良い時であっても、増やす場合は慎重に検討するようにしましょう。

「攻めの費用」「守りの費用」とは別に、「冗費」という費目があります。高額なレクリエーション経費や交際費等がこれに当たりますが、これらは基本的に経営に必要ない無駄な費用です。業績の良し悪しにかかわらずカットしましょう。

会社の資金繰りに余裕ができれば、事業で得た利益を新商品開発に用いる等、会社の「将来」のために活用することができます。経費を見直し、カットすべきところと残すべきところを慎重に検討しましょう。

第5章

なぜ右肩上がりの会社ほど専門家に頼るのか？

1

経営者の仕事は「書類作り」ではない

◪思いや方針を考えて「未来を作る」

ここまで、資金調達や経営計画の作成、財務状況の把握にはさまざまな資料が必要であると説明してきました。

必要資料を、ここで一度おさらいしておきましょう。

☑経営戦略方針総括表
☑過去4期分の損益計算書
☑月別利益計画表
☑商品別売上高計画

☑その他各種計画（製造原価計画・固定費計画・投資計画）
☑借入金返済計画・リース実績計画表
☑経営計画書
☑貸借対照表（4期分の比較）
☑変動損益計算書（4期分の比較）（本書では未掲載）
☑経営の実態に関する5つの指標（収益性、資金性、安全性、安定性、生産性）について計算したもの
☑決算診断予診結果表
☑会社診断シート（本書では未掲載）
☑キャッシュフロー計算書
☑格付けランク（本書では未掲載）

他にも、巻末資料で説明する助成金・補助金の申請を行う場合は、経費明細書等の提出が必要ですし、採択された後も経費の相見積り等を用意しなければなりません。

「書類が重要で必要なのはわかった。けれど、毎日忙しいから、これを全部用意するのは難しいなぁ……」

そう思われた方も多いでしょう。
これらの資料はあくまで、経営方針について考えるための「素材」にすぎません。第4章で説明したように、経営者は会計数字に強くならなくてはいけませんが、会計書類や管理資料の作成、ビジョンを実現化するための具体的なプランニング等、煩雑な仕事に時間をとられるべきではありません。

戦争を例に考えてみましょう。一般的に、軍の大将自身が敵地に侵入して情報収集を行うことはありません。大将の仕事は、戦略を考え、意思決定を行うことであり、その判断材料を集めるために偵察部隊を使うのです。

会社の経営もこれと同じです。社長にとって最も重要な仕事は、会社の「未来を作る」こと。つまり、ビジョンや理念を作り、今後見直すべき部分について考えて決定することです。

経営について日々重要な判断を下さなくてはならないのはもちろんのこと、新しい商品やサービスの開発、シェアの拡大にも取り組まなくてはなりませんし、ライバル企業に勝つための販促方法も編み出さなくてはなりません。コロナ禍で対面販売が落ち込んだ場合は、新しい販路について考える必要があります。

それらの意思決定を行う際には、過去の業績等をまとめて参照する必要がありますが、そういった準備は「専門家」に任せればよいのです。

会社の財務に関することなので、この場合の「専門家」とは主に税理士や会計士を指します。もちろん、決算書の作成も専門家に任せたほうが、より精度の高いものになるでしょう。資金調達の際、諸機関に提出する計画書を作成する時も、大きな力になってくれるはずです。

さらに、その分野に精通した税理士や会計士であれば、他社の事例を多く知っているため、参考になる情報を提供してくれます。そのほうが、社長はより良い判断を下せるはずです。

もちろん、お金に関することですから、任せきりにして何も確認しない、という状態はいけません。自身の考えや会社の方針についてきちんと伝えたうえで書類作成を託し、社長はその書類の内容を確認しながら、自分の仕事に専念しましょう。

経営者の仕事は、「書類作り」ではなく、経営計画等に落とし込む思いや方針を考えて「未来を作る」ことです。

これを心に留め、専門外の作業はプロに任せて、効率化を図りましょう。

2

専門家の横の繋がりを活用する

外部の力を借りてさらなる事業成長を目指す

ここまでお読みになれば、勘の良い経営者なら、こう思うはずです。

「そうか、これまで資金調達のための下調べや資料作成に時間をとられていたけれど、これからは税理士や会計士を頼ったらいいんだな！」

税理士や会計士は、会社の財務に関して大きな力になります。ここまで説明した施策のほとんどが専門家の得意分野ですし、創業・起業のサポートを得意とする税理士や会計士であれば、「事業を拡大し、従業員を増やす」といった漠然としたビジョンであっても、「10年後までに店舗数10店達成、年商50億円、従業員１００名以上」等、具体的で現実に即した内容にまとめてくれるでしょう。

また、会社の財務関連の仕事に精通した税理士や会計士であれば、仕事で繋がりのある他分野の専門家を紹介してくれます。たとえば助成金の申請であれば、社会保険労務士の独占業務ですから、制度や書類作成に精通しています。ベンチャーキャピタルに関しても、行政書士や証券マン等、他分野の専門家のほうが明るい場合もあります。専門家の力を借りて、それぞれの分野から意見を聞くことができれば、さらなる事業成長が見込めるはずです。

専門家には、豊富な経験とその中で築き上げた「横の繋がり」があります。税理士や会計士、社会保険労務士と付き合うことで、そうした専門家の「横の繋がり」も活用できるということを意識しておくとよいでしょう。

3 得意分野に精通していれば心強い味方に

的確なアドバイスが期待できる

ここまで説明してきたように、税理士や会計士は「経理・会計・税務・財務のプロ」です。しかし、医師が内科や外科、皮膚科等に分かれているように、税理士や会計士にも得意・不得意があります。

とくに税理士の場合は、国家試験の仕組みが影響しています。税理士の国家試験は全部で11科目あり、その中の5科目に合格する必要があるのですが、次のような仕組みになっています。

- 必修科目：「簿記論」「財務諸表論」（両方とも合格が必要）
- 選択必修科目：「所得税法」「法人税法」（どちらか1科目の合格が必要）
- 選択科目：「相続税法」「国税徴収法」「固定資産税」「消費税法または酒税法」「住民税または事業税」（2科目の合格が必要）

つまり、受験生は「自分は△△税を専門にしたい」と思って勉強していて、受験しない科目の税金に関しては、あまり詳しくない可能性もあり得るのです。

これは、社会保険労務士や弁護士にも共通していることです。得意分野に関しては多くの事例を手掛けていますし、他社の事例等、参考になる情報を提供してくれます。また、経営に関する悩みに対しても的確なアドバイスをしてくれるため、心強い味方になってくれるでしょう。

会社の財務や資金繰り、経営計画書の作成等について相談する場合は、その分野を得意とする税理士や会計士を選ぶようにしましょう。

〈巻末資料〉
「お金を増やす」活動ノート

ポイント1 お金の増やし方 基礎知識

融資を受ける

「潰れない会社」になるためには一定の利益が必要ですが、何らかの理由で売上が落ちた時は、外部からお金を調達するしかありません。また、これから起業するという場合も、事業が軌道に乗るまでの間、繋ぎの資金が必要です。

そうした資金調達法として最も一般的な方法が、金融機関からの融資です。

金融機関には、民間系（都市銀行、地方銀行、信用金庫・信用組合）と、政府系（日本政策金融公庫、商工組合中央金庫）の2種類があり、融資を受けるための条件は異なります。それぞれの条件を吟味したうえで、どの金融機関の融資を申し込むか選択することになります。

さらに、融資は次の2つに大別されます。

- **創業・起業時に受ける融資（創業融資）**
- **運転資金確保のための融資**

創業融資には、日本政策金融公庫の「新創業融資制度」や「新規開業資金」、各地方公共団体が創業前または創業間もない中小企業を支援するために、金融機関や信用保証協会と協力して設けている「創業融資制度」（制度融資）等があります。

「信用保証協会」は、中小企業や小規模事業者を対象に、スムーズな資金調達を支援する目的で設立された公的機関です。融資の内容や条件は各地方自治体によって異なりますが、この機関の対象業種であり、自治体が管轄する地区に事業者が居住し、そこに事業所等があれば受給の対象となります（申請から受給までの流れに関しては、後述します）。

さらに、運転資金確保を目的とした融資は、２種類あります。

- **事業が順調に進んでいて、さらなる成長が見込める時に受けるプロパー融資**

・現在は経営が苦しく、運転資金が不足しているが、回復の見込みがある時に受ける融資

プロパー融資は、信用保証協会の保証を伴わずに銀行から直接行われる融資で、ある程度の実績が必要とされています。経営が順調で資金繰りに余裕がある時は、融資金額や金利、返済期間等において好条件で融資を受けることが可能で、返済も比較的楽になります。

申請から受給までの流れ

融資がどのように行われるのか、各地方自治体の融資斡旋制度（融資制度）を例に説明します。

①　融資斡旋の申し込み

事業者が居住し、事業所が置かれている都道府県・市区町村の窓口で融資斡旋の申し込みを行います。

② 地方自治体による審査

都道府県・市区町村の審査を受けます。この審査に通ると、自治体からの紹介状を受け取ることができます。

③ 指定金融機関への融資申し込み・信用保証協会への保証の申し込み

②で受け取った紹介状を指定金融機関に提出して、融資の申し込みを行います。同時に、指定金融機関を介して信用保証協会に保証申し込みの手続きを行います。

④ 信用保証協会による面談・審査

信用保証協会の審査（面談や現地調査等）を受けます。これに通ると、経営者が金融機関に融資を申し込む際、信用保証協会が公的な保証人を務める、という保証が得られます。

⑤ 金融機関の最終審査

金融機関で最終の審査を受けます。

⑥ 融資の開始

⑤の最終審査に通ると、融資が実行されます。

なお、信用保証協会により保証が承諾され、その保証によって金融機関から融資を受けることができた場合は、その対価として信用保証料を支払う必要があります。返済方法によって料金は異なりますが、満期一括返済の場合、貸付金額 × 信用保証料率 × 保証期間（月数）÷ 12となります。

銀行に直接融資の申し込みを行う場合も「申し込み ↓ 必要書類の提出 ↓ 審査 ↓ 融資実行」という、似たようなプロセスで行われます。ただし、創業間もない会社は実績が少ないため、銀行から直接融資を受けることは困難です。

なお、融資を申し込む際には、所定の申込書に加えて、資金の使用用途を記した計画書や、決算書、月次試算表等が必要です。起業のための資金調達や、創業間もない会社の場合は、過去の実績を証明する決算書がないため、計画書がとくに重視されます。

面談・審査では、計画書の内容、事業内容、資金の使い道等を尋ねられることが多いため、それを意識したうえで計画書を用意するようにしましょう。（計画書の作成に関しては、第2章の１２１ページで解説）

どのような融資があるか

ここでは実際の融資制度について紹介していきます。

ただし、記載している内容の中には、すでに募集期限が終了しているものもありますが、どういった支援内容があるか全体像を把握してもらうために、あえて掲載しています。今後同様の制度が延長・新設される可能性もあります。

最新情報は各金融機関のウェブサイトにてご確認ください。

日本金融公庫の「新創業融資制度」

代表的な創業融資として、日本政策金融公庫の新創業融資制度があります。

銀行から創業資金を借りることは困難ですが、政府系金融機関である日本政策金融公庫は、起業・創業を積極的に支援しています。そのため自己資金の要件が緩やかで、一定の要件を満たせば担保および保証人が不要等、利用しやすい仕組みになっています。

また、申し込みから融資実行までの期間が比較的短いことも特徴です。自治体の創業融資制度は2カ月~3カ月程度かかりますが、新創業融資制度は1カ月程度です。

飲食店や美容院等営業許可が必要なお店の場合、許可が下りる前に資金を借りることが可能なケースもあります。

【上限額】３０００万円（うち運転資金１５００万円）

コロナ禍で影響を受けた事業者向けの融資

コロナ禍で売上が落ちる等の影響を受けた、個人事業主および中小企業を対象とする融資を次に挙げます。

なお、日本政策金融公庫のコロナ対策資本性劣後ローンは自己資金扱いとすることが可能であり、無担保無保証人で受けられる等のメリットがあります。

ただし、融資の中には認定申込が可能な期間や業種等が指定されているものがあります。さらに、融資の内容が変化することもあります。申請の際には必ず最新情報をウエブサイト等で取得し、確認してください。（２０２１年４月現在）

コロナ禍で影響を受けた事業者向けの融資

コロナ禍で売上が落ちる等の影響を受けた、個人事業主および中小企業を対象とする融資を以下に挙げます。

民間金融機関

①セーフティネット保証４号
※申込可能期間：～令和３年６月１日
　自然災害等の突発的に生じた災害により、売上高の減少等に見舞われた中小企業を支援する制度です。信用保証協会が通常の保証限度額とは別枠で、債務の100％を保証します。

【保証限度額】２億8000万円（信用保証制度の一般保証とは別枠）

②セーフティネット保証融資５号
※申込可能期間：令和２年５月１日～令和３年６月30日
　全国的に業況の悪化している業種に属することにより、経営の安定に支障が生じている中小企業への資金供給の円滑化を図るための制度です。信用保証協会が通常の保証限度額とは別枠で、債務の80％を保証します。

【保証限度額】２億8000万円（信用保証制度の一般保証とは別枠）

③危機関連保証制度
※申込可能期間：令和２年２月１日～令和３年６月30日
　突発的に生じた大規模な経済危機や災害等により、全国の中小企業・小規模事業者の資金繰りが逼迫した際、実際に売上高等が減少している中小企業を国が支援するための制度です。信用保証協会が通常の保証限度額とは別枠で、債務の100％を保証します。
【保証限度額】2.8億円
【上限額】4000万円

日本政策金融公庫

①経営環境変化対応資金（セーフティネット貸付）
　社会的・経済的環境の変化等の外的要因により、一時的に売上の減少等、業況悪化をきたしているが、中長期的にはその業況が回復し、かつ発展することが見込まれる事業者の経営基盤の強化を支援する融資制度です。
【上限額】
中小企業事業：直接貸付７億2000万円
国民生活事業：4800万円

②新型コロナウイルス感染症特別貸付
　新型コロナウイルス感染症の影響により、一時的に売上の減少等、業況悪化をきたしているが、中長期的には業況が回復し、かつ発展することが見込まれる中小企業・小規模事業者・個人事業主を支援するための制度です。

【上限額】

中小企業事業：６億円（既存の融資制度の残高とは別枠）
国民生活事業：8000 万円（既存の融資制度の残高とは別枠）

③新型コロナウイルス感染症対策挑戦支援資本強化特別貸付（コロナ対策資本性劣後ローン）

新型コロナウイルス感染症の影響を受けているスタートアップ企業や、事業再生に取り組む事業者等を対象に、財務体質強化を図るために資金を支給する制度です。

【上限額】
中小企業事業：直接貸付７億 2000 万円（既存の融資制度の残高とは別枠）
国民生活事業：7200 万円以内（既存の融資制度の残高とは別枠）

商工組合中央金庫

①新型コロナウイルス感染症特別貸付

新型コロナウイルス感染症の影響により、資金繰りに支障をきたしている事業者を支援するための融資です。なお、商工組合中央金庫は中小企業を対象に融資を行っていますが、小規模事業者（個人事業者含む）も利用できます。

（a）中小企業向け制度

新型コロナウイルス感染症の影響を受け、一時的な業況悪化をきたし、次の２点のいずれかに該当するとともに、中長期的に業況が回復し発展することが見込まれる方を対象にした融資です。

【上限額】元高：20 億円以内　　残高：６億円以内

（b）中堅企業向け制度

新型コロナウイルス感染症の影響により最近１カ月等の売上高、または過去６カ月（最近１カ月を含む）の平均売上高が、前３年のいずれかの年の同期比５％以上減少している中堅企業および大企業の事業者を対象にした融資です。

【上限額】定めなし（商工中金の審査により個別に金額が決定）

②新型コロナウイルス感染症特別貸付（資本性劣後ローン）

新型コロナウイルス感染症の影響による業況悪化に伴い、資本の毀損等が懸念される中、本来の収益力を回復するまで「財務安定化に向けた資本の増強」が必要な事業者を支援するための貸付制度です。

（a）中小企業向け制度

新型コロナウイルス感染症の影響を受けている事業者のうち、以下の３つの要件のいずれかに該当する中小企業を対象にした制度です。

・J-Startup プログラム選定者または中小企業機構出資ファンドの出資を受けて事業の成長を図る者
・再生支援協議会の関与のもとで事業の再生を行う者

・事業計画書を策定し、民間金融機関等による金融支援を受けられる等の体制が構築されている者
【上限額】7.2 億円（別枠）
（b）中堅企業向け制度
以下の３つの要件を全て満たす中堅企業または大企業を対象にした制度です。
・新型コロナウイルス感染症の影響により、最近１カ月の売上高または過去６カ月（最近１カ月を含む）の平均売上高が前３年のいずれかの年の同期比５％以上減少している者
・業況･資金繰り共に悪化しており、中長期的には改善が見込まれるものの、当該悪化の継続により、経営上回復し難い損失を被ることが想定される者
・地域経済にとって重要な企業として、以下の４つの要件のうち、いずれかの要件を満たす者
①事業規模、雇用規模等に鑑み、地域における経済的貢献度が高いと判断される企業
②下請企業等関連産業が幅広い企業。または下請企業等関連産業が幅広い企業の事業継続に重要な役割を果たす企業
③高い技術または高い専門的知識を有する、高付加価値なサービス等を提供する等、経済活力の維持を図るために重要な役割を果たす企業
④生活に密着したサービス等を提供する等、国民が基本的な生活を行う上で重要な役割を果たす企業
【上限額】上限なし

出所：各ホームページの情報をもとに作成

助成金・補助金を活用する

「起業を考えているけれど、融資を受けられるか不安だ」

「販路を広げて売上を拡大していきたいけれど、資金が足りない……」

「もっと資金があれば、新しい商品を開発できるのに……」

このような悩みは、助成金・補助金で解決できる可能性があります。

まずは助成金と補助金、それぞれの特徴について説明します。

助成金とは何か

助成金とは、厚生労働省と地方自治体、財団等が管轄するお金です。事業拡大に関する制度のほか、「教育系」や「雇用安定系」「育児・女性系」等の内容が存在します。また、現在はコロナ禍でダメージを受けた会社や事業者を対象とした助成金も設けられています。

融資と大きく異なるのは「返済する必要がない」こと、さらに「事業を行った後で支給される」ことです。

受給額は数十万円~数百万円程度であり、決して多額ではありませんが、要件を満たしていれば基本的に受給できます。

受給条件はさまざまですが、大きく3つのタイプに分けることができます。

① その制度を利用した回数や、利用した人数に応じて支給される助成金（※人数と制度利用回数それぞれの上限あり）

② 何らかの制度導入に取り組む企業に支給される助成金。制度導入のために必要な設備投資を行った場合も対象となる

③ 目標の達成度に応じて補助率が変化する助成金

申請にあたっては、こうした条件や内容を吟味したうえで選ぶようにしましょう。

補助金とは何か

補助金とは、経済産業省と地方自治体、財団等が管轄するお金です。こちらも返済する必要がなく、基本的に該当事業にかかった経費の全額または一部が、事業を行った後で支給されます。

ただし、一部先払いのものもありますし、制度ごとに「補助率（かかった経費のう

ち、補助される割合)」と「上限額」が決まっています。

助成金同様、起業や新しいサービスの創出、販路開拓、海外進出、人材育成、設備投資等であれば、支給の対象となる可能性があります。ただし、要件を満たしていても審査で通らない場合があります。

なお、受給額は数百万円~数億円と、助成金に比べて多額ではありますが、補助金を受けた事業において収益が生じた場合は、補助金交付額を限度として、収益金の一部ないしすべてに相当する額を国へ返納しなくてはならないケースもあります。

助成金・補助金を受けるまでの流れ

助成金または補助金を受けるまでの、大まかな流れを示します。

① 申請

申請する制度を決めて、申請書と計画書、経費明細書等を作成して提出します。ただし、応募の時期や業種、地域等を限定しているものが多いので、必ずチェックするようにしましょう。申請方法も、電子申請や書面による郵送等、制度によって異なります。

② **審査**

実施機関による審査が行われます。

③ **交付の決定**

審査に通って採択通知を受け取ったら、実施機関所定の「交付申請書」や経費の相見積り等を提出します。この内容が認められれば「交付決定」となります。

④ **事業の開始**

交付対象となった事業を開始します。先述したように、助成金や補助金は原則として「事業が終わった後」に支給されます。使用した経費の証拠となる書類（領収書、請求書、見積書、納品書等）は、後で提出できるよう必ず残しておきましょう。商品やサービスの購入、発注の際は、相見積りをとるようにしましょう。

⑤ **報告**

事業報告書を作成し、④で保管していた経費に関する書類や実績報告書、請求書等を提出します。

⑥ **補助金の交付**

報告書等に不備がなければ、補助金が交付されます。

なお、①に記した計画書は、審査の対象となります。制度の目的・趣旨に合った計画書を用意するようにしましょう。（計画書作成のポイントに関しては、第2章の121ページで説明しています）

助成金・補助金にはどのようなものがあるか

コロナ禍で影響を受けた会社や事業者にとって使いやすい助成金・補助金を、次にまとめました（五十音順）。

ここでは実際の助成金・補助金制度についてご紹介していきます。

ただし、記載している内容の中には、融資同様すでに募集期限が終了しているものもあります。どういった支援内容があるか全体像を把握してもらうために、あえて掲載しました。今後同様の制度が延長・新設される可能性もあります。

最新情報は各金融機関のウェブサイトにてご確認ください。（2021年4月現在）

助成金・補助金一覧

助成金

①キャリアアップ助成金（正社員化コース）

キャリアアップ助成金は、有期雇用労働者等を正規雇用労働者等に転換または直接雇用した場合に対象となる助成金です。

令和3年2月5日に助成対象が拡充され、新型コロナウイルス感染症の影響で令和2年1月24日以降に前職を離職し、就労経験のない職業に就くことを希望する派遣労働者が正社員として直接雇用された場合も含まれるようになりました。従来は正社員として直接雇用される前に6カ月以上働いている必要がありましたが、2カ月以上6カ月未満でも支給対象になりました。

なお、キャリアアップ助成金には、本コース以外に、「障害者正社員化コース」、「賃金規定等改定コース」、「賃金規定等共通化コース」、「諸手当制度等共通化コース」、「短時間労働者労働時間延長コース」、「選択的適用拡大導入時処遇改善コース」があります。

【支給される金額】＜　　＞内は生産性要件を満たした場合

①有期雇用労働者から正規雇用労働者への切り替え
中小企業：1人当たり57万円＜72万円＞
大企業　：1人当たり42万7500円＜54万円＞

②有期雇用労働者から無期雇用労働者への切り替え
中小企業：1人当たり28万5000円＜36万円＞
大企業　：1人当たり21万3750円＜27万円＞

③無期雇用労働者から 正規雇用労働者
中小企業：1人当たり28万5000円＜36万円＞
大企業　：1人当たり21万3750円＜27万円＞
（①～③合わせて、1年度1事業所当たりの支給申請上限人数は20人まで）

※生産性要件：助成金の支給申請を行う直近の会計年度における「生産性」（付加価値÷雇用保険被保険者数）が「3年度前に比べて6％以上伸びている」または「3年度前に比べて1％以上（6％未満）伸びている」こと。ただし金融機関から一定の「事業性評価」を得ている場合に限る

②雇用調整助成金（新型コロナウイルス感染症の影響に伴う特例）

※特例措置は令和3年4月30日まで実施

新型コロナウイルス感染症の影響により売上高等の生産指標が減少し、事業活動の縮小を余儀なくされた会社が、従業員の雇用維持のために労使間の協定に基づいた雇用調整（休業、教育訓練）を実施する場合に、休業手当等の一部を助成するものです。

また、従業員を出向させることで雇用維持を図る場合も、支給対象となります。

【支給される金額】

(a)平均賃金額 × 休業手当等の支払率 × 助成率(※1)(※2)

(※1) 助成率は以下の通り

①新型コロナウイルス感染症の影響を受ける事業主の場合：

中小企業：4／5　　大企業：2／3（4／5）

②解雇をしていないなどの上乗せの要件を満たす事業主の場合：

中小企業：10／10　　大企業：3／4（10／10）

なお、以下の要件を満たす大企業には（　）内の助成率が適用されます

・緊急事態宣言の発出に伴う特定都道府県知事、およびまん延防止等重点措置の公示に伴う重点措置区域の知事の要請等を受けて、営業時間の短縮等に協力する大企業

・売上高等の生産指標が最近3カ月平均で、前年または前々年同期に比べて30％以上減少している大企業

(※2) 1人1日当たり1万5000円が上限。支給限度日数は原則として1年間で100日分、3年で150日分。ただし、緊急対応期間中（令和2年4月1日～令和3年4月30日）に実施した休業などは、この支給限度日数とは別に支給を受けることができる。

(b)教育訓練に伴う加算額

中小企業：教育訓練の日数×2400円

大企業　：教育訓練の日数×1800円

③産業雇用安定助成金

新型コロナウイルス感染症の影響により、事業活動の一時的な縮小を余儀なくされた事業主が、在籍型出向により労働者の雇用を維持する場合、出向元と出向先の双方の事業主に対して、その出向に要した賃金や経費の一部を助成します。

(a)出向運営経費

出向元事業主および出向先事業主が負担する賃金、教育訓練および労務管理に関する調整経費など、出向中に要する経費の一部が助成の対象となります。

【支給される金額（助成される割合)】

・出向元が労働者の解雇などを行っていない場合

中小企業：9／10　　中小企業以外：3／4

・出向元が労働者の解雇などを行っている場合

中小企業：4／5　　中小企業以外：2／3

※上限額（出向元・出向先の合計）：1万2000円／日

(b)出向初期経費

就業規則や出向契約書の整備費用、出向元事業主が出向に際してあらかじめ行う教育訓練、出向先事業主が出向者を受け入れるための機器や備品の整備等、出向の成立に要する措置を行った場合に助成します。

【支給される金額】
出向元・出向先いずれも各10万円／1人当たり（定額）
加算額：5万円／1人当たり（定額）
※加算額：次のいずれかの要件に当てはまる場合に対象となります。
・出向元事業主が雇用過剰業種の企業や生産性指標要件が一定程度悪化した企業である場合
・出向先事業主が労働者を異業種から受け入れる場合

④新型コロナウイルス感染症対応休業支援金・給付金

新型コロナ感染症の影響を受けて休業させられ、休業手当を受けることができなかった労働者のうち、以下のいずれかの要件に該当する方に支給される支援金・給付金です。

新型コロナウイルス感染症およびそのまん延のための措置の影響により、
・令和2年4月1日から緊急事態宣言が全国で解除された月の翌月末までに事業主が休業させた中小企業の労働者
・令和2年4月1日から6月30日まで、および令和3年1月8日以降（令和2年11月7日以降に時短要請を発令した都道府県の場合は、それぞれの要請の始期以降）に事業主が休業させた大企業のシフト労働者等のうち、休業期間中の賃金（休業手当）の支払いを受けることができなかった労働者（雇用保険被保険者ではない労働者も含む）

【支給される金額】
①休業開始前賃金日額×80％（※）
②（各月の休業期間の日数）－（就労等した日数＋労働者の事情で休んだ日数）
支給される金額＝①×②

◯休業開始前賃金日額の算出方法

（申請対象となる休業開始月前6カ月のうち任意の3カ月の賃金の合計額）÷90
大企業の従業員で、令和3年1月8日（令和2年11月7日以降に時短要請を発令した都道府県は、それぞれの要請の始期）以降の休業について申請する場合は、令和元年10月から申請対象となる休業開始月の前月までのうち任意の3カ月の賃金の合計額を90で割って算出。
※大企業の従業員で令和2年4月1日～6月30日の休業の場合は、60％
「休業前賃金日額×80％」の上限額は1万1000円

⑤人材開発支援助成金（特定訓練コース・一般訓練コース・特別育成訓練コース）

人材開発支援助成金は、雇用する労働者のキャリア形成を促進するため、職務に関連した専門的な知識や技能を修得させるための職業訓練等を計画に沿って実施したり、教育訓練休暇制度を適用した事業主等を対象にした助成金です。次に挙げる3コース以外に、「教育訓練休暇付与コース」、「建設労働者認定訓練コース」、「建設労働者技能実習コース」、「障害者職業能力開発コース」があります。令和3年2月5日の改正により、他業種への転換のため、転換後の職務に関する訓練を実施する事業主も対象となりました。

(a)特定訓練コース

雇用する正社員に対して、効果が高い10時間以上の訓練（OFF－JTのみの訓練、OJTとOFF－JTを組み合わせた訓練、若年者への訓練、労働生産性向上に資する訓練等）を実施した場合に、訓練経費や訓練期間中の賃金の一部を助成します。

なお、訓練には、OFF－JTのみの「労働生産性向上訓練」、「若年人材育成訓練」、「熟練技能育成・承継訓練」、「グローバル人材育成訓練」、OJTとOFF－JTを組み合わせた「特定分野認定実習併用職業訓練」、「認定実習併用職業訓練」があります。

(b)一般訓練コース

雇用する正社員に対し、職務に関連した専門的な知識及び技能を習得させるための20時間以上の訓練（特定訓練コースに該当しないもの：OFF－JTのみ）を実施した場合に、訓練経費や訓練期間中の賃金の一部を助成します。

(c)特別育成訓練コース

有期契約労働者に対し、正社員への転換また処遇改善を目的として、計画に沿って訓練を実施した場合に、賃金と訓練にかかった経費の一部が助成されます。一般職業訓練(OFF－JTのみ。育児休業中訓練、中長期的キャリア形成訓練を含む)、有期実習型訓練（ジョブ・カードを活用したOFF－JTとOJTを組み合わせた2～6カ月の職業訓練）、中小企業等担い手育成訓練（業界団体を活用した、OFF－JTとOJTを組み合わせた最大3年の職業訓練）があります。

【支給される金額】※＜　＞内は生産性要件を満たした場合

(a)特定訓練コース

■OFF－JTのみの場合

・賃金助成

中小企業：1人1時間当たり760円＜960円＞

大企業　：1人1時間当たり380円＜480円＞

・経費助成

中小企業：対象経費の45%＜60%＞

上限額　：10時間以上100時間未満の場合15万円

100時間以上200時間未満の場合30万円

200時間以上の場合50万円

大企業　：対象経費の30%＜45%＞

上限額　：10時間以上100時間未満の場合10万円

100時間以上200時間未満の場合20万円

200時間以上の場合30万円

■OJT実施助成

中小企業：665円（840円）

大企業　：380円（480円）

（b）一般訓練コース
・実施助成
中小企業：1人1時間当たり760円＜960円＞
大企業　：1人1時間当たり665円＜840円＞
※注意
・1労働者が対象訓練を受講できる回数は、年間職業能力開発計画期間内に3回まで。
・1事業所が1年度に受給できる限度額は、特定訓練コースを含む場合は1000万円、一般訓練コースのみの場合は500万円。

（c）特別育成訓練コース

■OFF－JT実施助成
・賃金助成
中小企業：1人1時間当たり760円＜960円＞
大企業　：1人1時間当たり475円＜600円＞
※1人当たりの助成時間数は1200時間（一般職業訓練の中長期的キャリア形成訓練は1600時間）を限度
・経費助成
1人当たりの実費　※上限あり
訓練時間20時間以上100時間未満：
中小企業：10万円（15万円）　大企業：7万円（10万円）
訓練時間100時間以上200時間未満：
中小企業：20万円（30万円）　大企業：15万円（20万円）
訓練時間200時間以上：
中小企業：30万円（50万円）　大企業：20万円（30万円）
※（　　）内は一般職業訓練の中長期的キャリア形成訓練の場合か、有期実習型訓練後に正規雇用労働者等に転換した場合

■OJT実施助成（有期実習型訓練、中小企業等担い手育成訓練の場合のみ）
中小企業：760円＜960円＞　大企業：960円＜840円＞

⑥トライアル雇用助成金（新型コロナウイルス感染症対応トライアルコース・新型コロナウイルス感染症短時間トライアルコース）

トライアル雇用助成金は、就業経験、知識、技能等から安定的な就職が困難な求職者について、ハローワーク等の紹介によって一定期間試行雇用した場合に対象となる助成金です。ここで紹介する2コース以外に、「一般トライアルコース」、「障害者トライアルコース」、「障害者短時間トライアルコース」、「若年・女性建設労働者トライアルコース」があります。なお、令和3年3月16日から、シフトの減少により実質的に離職と同様の状態にある労働者のトライアル雇用が可能になりました。

「新型コロナウイルス感染症対応トライアルコース」および「新型コロナウイルス感染症短時間トライアルコース」は、新型コロナウイルス感染症の影響により前職の離職を余儀なくされた求職者を無期雇用契約へ移行することを前提に、3カ月間の試行雇用（トライアル雇用）を行う事業主を対象にした助成金です。なお、雇い入れる求職者は、離職期間が3カ月を超え、かつ就労経験のない職業に就くことを希望する者で、ハローワークまたは民間の職業紹介事業者等の紹介により雇い入れることとします。

(a)新型コロナウイルス感染症対応トライアルコース

求職者が常用雇用（1週間の所定労働時間が30時間以上の無期雇用）を希望する場合

【支給される金額】

対象となる従業員1人につき月額4万円（最長3カ月間）。

(b)新型コロナウイルス感染症短時間トライアルコース

求職者が常用雇用（短時間労働）（1週間の所定労働時間が20時間以上30時間未満の無期雇用）を希望する場合

【支給される金額】

対象となる従業者1人につき月額2万5000円（最長3カ月間）

⑦両立支援等助成金（介護離職防止支援コース）「新型コロナウイルス感染症対応特例」

仕事と育児・介護を両立できる職場環境作りに取り組んだ企業に支給される助成金です。「介護離職防止支援コース」の他に、「出生時両立支援コース」「育児休業等支援コース」「女性活躍加速化コース」「不妊治療両立支援コース助成金」があります。

介護離職防止支援コースには「新型コロナウイルス感染症対応特例」が加わりました。この特例は、新型コロナウイルス感染症への対応として、介護のための有給の休暇制度（法定の介護休業、介護休暇、年次有給休暇とは別）を設けることで、労働者が家族介護のために休みやすい環境を整備した事業主が助成対象となります。

【支給される金額】

・休暇日数が合計5日以上10日未満の場合：20万円
・休暇日数が合計10日以上：35万円

⑧両立支援等助成金（育児支援休業等支援コース）

「育休復帰支援プラン」を作成し、プランに沿って労働者の円滑な育児休業の取得・職場復帰に取り組み、育児休業を取得した労働者が出たほか、育児休業に代わる代替要員確保、職場復帰後の看護休暇の付与や保育サービス費用補助を行った中小企業事業主に支給されるコースです。

この育児支援休業等支援コースにも「新型コロナウイルス感染症対応特例」が設けられています。小学校等の臨時休業等により子どもの世話をする労働者のために、有給休暇制度および両立支援制度を整備し、有給休暇の利用者が生じた事業主が対象となります。

【支給される金額】※＜　　＞内は生産性要件を満たした場合

(a)育休取得時28.5万円＜36万円＞

(b)職場復帰時28.5万円＜36万円＞

育休取得者の業務を代替する職場の労働者に、業務代替手当等を支給するとともに、残業抑制のための業務見直し等、職場支援の取り組みを行った場合は19万円＜24万円＞加算

(c)代替要員確保時(1人当たり):47.5万円＜60万円＞

育児休業取得者が期間雇用者の場合は9.5万円＜12万円＞加算

(d) 職場復帰後支援28.5万円＜36万円＞

看護休暇制度：1000円＜1200円＞×時間

保育サービス費用補助制度：実支出額の2／3補助

(e)新型コロナウイルス感染症対応特例

1人当たり5万円※10人まで（上限50万円）

⑨両立支援等助成金(新型コロナウイルス感染症に関する母性健康管理措置による休暇取得支援コース)

新型コロナウイルス感染症への対応として、①②③を満たした事業主が対象となる制度です。

①医師や助産師の指導により、休業が必要とされた妊娠中の女性労働者が取得できる有給の休暇制度（年次有給休暇を除く）を設けた

②新型コロナウイルス感染症に関する母性健康管理措置の内容を含めて社内に周知した

③当該休暇を合計20日以上労働者に取得させた

【支給される金額】

・休暇制度導入のための助成金：1事業場につき1回限り15万円

・休暇取得支援のための助成金：対象労働者1人当たり28.5万円（1事業所当たり限5人まで）

補助金

①IT導入補助金

業務効率化・売上アップのために、中小企業・小規模事業者等が自社の課題やニーズに合ったITツールを導入する経費の一部が補助されます。「通常枠（A・B類型）」と「低感染リスク型ビジネス枠（特別枠：C・D類型※）」が設けられており、ソフトウェア費、導入関連費、低感染リスク型ビジネス枠の場合はハードウェアレンタル費等が対象となります。

低感染リスク型ビジネス枠は、ポストコロナの状況に対応したビジネスモデルへの転換に向けて、労働生産性の向上とともに、感染リスクに繋がる業務上での対人接触の機会を低減するような、業務形態の非対面化に取り組む中小企業・小規模事業者等が対象となります。

※Ｃ類型（低感染リスク型ビジネス類型）：販売管理と労務など、複数の業務プロセスを非対面化し、さらなる生産性アップを図るＩＴツールの導入が支援対象となる
※Ｄ類型（テレワーク対応類型）：生産性アップを目的として、テレワーク環境の整備に寄与するクラウド型のＩＴツールを導入する取り組みが支援対象となる

【支給される金額】

◎通常枠

Ａ類型：30 万円～ 150 万円未満　　Ｂ類型：150 万円～ 450 万円以下
補助率：１／２以内

◎新特別枠（新型コロナウイルス流行に伴う）

Ｃ類型：30 万円～ 450 万円以下　　Ｄ類型：30 万円～ 150 万円以下
補助率：２／３以内

②サプライチェーン対策のための国内投資促進事業費補助金

※事業期間：原則として 2024 年３月 31 日まで

生産拠点の集中度が高く、サプライチェーンの途絶によるリスクが大きい重要な製品・部素材、または国民が健康な生活を営む上で重要な製品・部素材について、国内での生産拠点などの整備に取り組む企業を対象とする補助金です。コロナ禍により海外から部品が届かないなど、日本のサプライチェーンの脆弱性が露わになったことをきっかけに始められました。建物・施設・システムの導入等が補助対象となります。

【支給される金額】

◎Ａ類型

生産拠点の集中度が高い製品・部素材の供給途絶リスク解消のための生産拠点整備

＜上限額＞ 100 億円
＜補助率＞中小企業：２／３以内～１／４以内
　　　　　大企業　：１／２以内～１／４以内
※補助対象経費の額に応じて補助率の段階的な引き下げを実施

◎Ｂ類型

一時的な需要増によって需給が逼迫するおそれのある製品・部素材のうち、国民が健康な生活を営む上で重要なものの生産拠点等整備

＜上限額＞ 100 億円
＜補助率＞中小企業：２／３以内～１／４以内
　　　　　大企業　：１／２以内～１／４以内
※補助対象経費の額に応じて補助率の段階的な引き下げを実施

◎中小企業特例

生産拠点の集中度が高く、サプライチェーンの途絶によるリスクが大きい重要な製品・部素材の生産等に必要となる部品等を安定的に供給するために、中小企業が行う生産拠点整備に係る事業

<上限額>５億円
<補助率>２／３以内（段階的低減なし）

③事業再構築補助金

新分野展開や業態転換、事業・業種転換等の取り組み、事業再編またはこれらの取り組みを通じた規模の拡大等を目指す企業・団体を対象とする補助金です。建物費、建物改修費、設備費、システム購入費などが補助されます。対象となるのは、以下３つの要件を満たす中小企業等です。

（a）申請前の直近６カ月間のうち、任意の３カ月の合計売上高が、コロナ以前の同３カ月の合計売上高と比較して10%以上減少している
（b）認定経営革新等支援機関や金融機関と事業計画を策定し、一体となって事業再構築に取り組んでいる
（c）補助事業終了後、３～５年で付加価値額の年率平均３%（一部５%）以上増加、または従業員１人当たりの付加価値額の年率平均３%（一部５%）以上増加を達成

なお、この補助金には、「通常枠」、「卒業枠（※１）」、「グローバルＶ字回復枠（※２）」、「緊急事態宣言枠（※３）」の４つが設けられています。

（※１）事業計画期間内に①組織再編、②新規設備投資、③グローバル展開のいずれかにより、資本金または従業員を増やし、中小企業等から中堅・大企業へ成長する事業者向けの特別枠。400社限定。
（※２）以下３つの要件を満たす中堅企業向けの特別枠。100社限定。
・申請前の直近６カ月のうち、任意の３カ月の売上高が、コロナ以前の同３カ月の合計売上高と比較して15%以上減少している中堅企業
・補助事業終了３～５年で付加価値額または従業員１人当たり付加価値額の年率平均5.0%以上増加を達成すること
・グローバル展開を果たす企業であること
（※３）概要に記した（a）～（c）の３つの要件に加え、令和３年の緊急事態宣言に伴う飲食店の時短営業や不要不急の外出・移動の自粛等により影響を受けたことにより、令和３年１～３月のいずれかの月の売上高が対前年または前々年の同月比で30%以上減少していること。

【支給される金額・補助率】

◎通常枠

【支給される金額】中小企業：100万円～6000万円
中堅企業：100万円～8000万円
【補助率】中小企業：２／３　　中堅企業：１／２（4000万円超は１／３）

◎卒業枠

【支給される金額】6000万円超～１億円　【補助率】２／３

◎グローバルＶ字回復枠

【支給される金額】8000万円超～１億円　【補助率】１／２

◎緊急事態宣言特別枠

【支給される金額】

従業員数５人以下　：100 万円～ 500 万円
従業員数６～ 20 人：100 万円～ 1000 万円
従業員数 21 人以上：100 万円～ 1500 万円

【補助率】中小企業：３／４　　中堅企業：２／３

④小規模事業者持続化補助金

小規模事業者の販路開拓や生産性向上の取り組みに要する経費の一部を支援する制度で「一般型」と「低感染リスク型ビジネス枠」が設けられています。

前者は経営計画を作成し、その計画に沿って販路開拓の取り組み等を行う小規模事業者を支援する制度で、チラシ作成、ウェブサイト作成、商談会への参加、店舗改装などが補助の対象となります。後者は、経営計画を作成し、ポストコロナを踏まえた新たなビジネスやサービス、生産プロセスの導入等の取り組み、およびその取り組みに資する感染防止対策への投資を行う小規模事業者等を支援する制度です。

【補助される金額】

◎一般型

【補助率】２／３

【補助額上限】単独申請の場合は 50 万円
　　　　　　　共同申請の場合は 500 万円※

※補助上限額＝１事業者当たりの補助上限額 50 万円×連携する事業者数(最大 10 名まで共同申請可能)

◎低感染リスク型ビジネス枠

【補助率】３／４（※うち１／４を上限として感染防止対策を支援）

【上限額】100 万円

⑤ものづくり補助金(ものづくり・商業・サービス生産性向上促進補助金)

新しい製品・サービスの開発や生産プロセスの改善のために、設備投資を行った小規模事業者と中小企業を対象とする補助金です。「一般型」(「通常型」・「低感染リスク型ビジネス枠（※１）」)、「グローバル展開型（※２）」、「ビジネスモデル構築型（※３）」の３つが設けられています。

（※１）補助対象経費の全額が、以下のいずれかの要件に合致する投資であることが条件です。

- 物理的な対人接触を減じることに資する革新的な製品・サービスの開発
- 物理的な対人接触を減じる製品・システムを導入した生産プロセス・サービス提供方法の改善
- ウィズコロナ、ポストコロナに対応したビジネスモデルへの抜本的な転換に係る設備・システム投資

（※2）海外拠点での活動など、海外事業の拡大や強化等を目的とした設備投資等が支援の対象となります。「海外直接投資」「海外市場開拓」「インバウンド市場開拓」「海外事業者との共同事業」の4つの類型があり、いずれか1つの類型の条件を満たす必要があります（各類型の条件については、公募要領をご参照ください）。

（※3）中小企業が革新性、拡張性、持続性を有するビジネスモデルを構築できるよう、30社以上の中小企業を支援するプログラムの開発・提供を補助します。

【支給される金額】

◎一般型

【支給される金額】100万円～1000万円

【補助率】

・通常型：中小企業：1／2　小規模企業・小規模事業者：2／3

・低感染リスク型ビジネス枠：2／3

◎グローバル展開型

【支給される金額】1000万円～3000万円

【補助率】中小企業：1／2　小規模企業・小規模事業者：2／3

◎ビジネスモデル構築型

【上限額】1億円（下限100万円）

【補助率】大企業　：1／2　それ以外の法人：2／3

以上の助成金・補助金は内容が変化する可能性があり、特例の場合は実施期間が指定されているものもあるので、最新情報を必ずウェブサイトから取得し、確認してください。

※なお、助成金・補助金については以下のウェブサイトもご参照ください。

①中小企業庁のHP（令和2年度、令和3年度予算／令和2年度補正予算関連事業）
https://www.chusho.meti.go.jp/hojyokin/index.htm

②厚生労働省のHP（事業主の方のための雇用関係助成金）
https://www.mhlw.go.jp/stf/seisakunitsuite/bunya/koyou_roudou/koyou/kyufukin/

③各都道府県、市区町村のHP
例：公益財団法人東京都中小企業振興公社HP（助成金事業）
https://www.tokyo-kosha.or.jp/support/josei/

④ミラサポplus 中小企業向け補助金・総合支援サイト
https://mirasapo-plus.go.jp/

出所：経済産業省、中小企業庁、厚生労働省等のホームページの情報をもとに作成

ベンチャーキャピタルを利用する

ベンチャーキャピタルとは、成長志向のベンチャー企業やスタートアップ企業に投資する組織です。一般的に、株式に上場していない創業間もない会社に出資し、事業が成長したり、上場した際に株式や事業を売却したりすることで、利益を得ています。

創業間もない会社の多くは、信用や担保等の点で銀行融資を受けることが困難であり、十分な資金の調達ができません。そのため、ベンチャーキャピタルは資金調達先として重要な役割を担っています。

また、ベンチャーキャピタルは、投資資金を確実に回収して利益を上げるために、自社の社員を経営に参加させる等して、投資先の支援を行います。そのため、会社経営に関する支援や助言を得ることも可能です。事業提携の相手として投資先企業を紹介される等、成長のチャンスがもたらされることもあります。

なお、ベンチャーキャピタルからの投資は会社の純資産となるため、返済する必要がありません。会社の純資産が豊かになることで、銀行による格付けが上がり、融資を受けやすくなる可能性があります。さらに、有名なベンチャーキャピタルの投資を受けることができた場合、「あのベンチャーキャピタルが投資している会社」と認識され、社外からの評価が高くなるというメリットもあります。

その一方で、利益を生み出せないと判断された場合は、ベンチャーキャピタルから株式の買い取りを要求される（株式買取請求）というリスクがあります。また、ベンチャーキャピタルから経営介入をされることで、経営者の考えに基づいた経営ができなくなる可能性や、事業の進行や決定に時間がかかる等のデメリットも考えられます。

ベンチャーキャピタルから資金調達を行うためには

ベンチャーキャピタルから出資を受けるためには、まず、知り合いや税理士等から紹介してもらう、起業家をサポートするイベント（ピッチイベント）に参加する、直接連絡する等、何らかの方法でベンチャーキャピタルと接触する必要があります。

首尾よく接触できたなら、その後は概ね、次のような流れになります。

① **必要書類を提出**

出資を受けるにあたり、必要な書類を提出します。ベンチャーキャピタルによって異なりますが、求められることが多いのは、直近3期分の決算書と計画書。とくに計画書は重視される傾向にあるため、詳細に記しましょう。

② **プレゼンテーション**

ベンチャーキャピタルの投資委員会に向けてプレゼンを行います。計画書に基づいて自社の事業をアピールしましょう。

③ **投資委員会の開催**

プレゼンテーションの結果に基づいて、出資するか否かが判断されます。ここでは将来性・成長の可能性や、経営者の人間性、競争優位性等が審査の対象となります。

④ **デューデリジェンス**

出資するベンチャー企業に関して、財務面や法務面のリスクについての検証が行われます。

⑤ **契約締結・投資の実施**

これらの審査を通過すると、投資額等の条件を交渉したうえで、投資契約書が結ばれます。

クラウドファンディングで集める

「クラウドファンディング（Crowdfunding）」は、「群衆（Crowd）」と「資金調達（Funding）」を組み合わせた言葉で、銀行や投資家からではなく、不特定多数の人から少額ずつ資金を集める資金調達の方法です。銀行からお金を借りる場合は担保や実績が必要ですが、それらがなくても資金調達ができることが、クラウドファンディングの大きなメリットです。近年は知名度が高くなり、多くの人が投資に参加するようになったため、ますます広がりを見せています。

クラウドファンディングでの資金調達の流れ

クラウドファンディングで資金調達する場合、何のためにお金を集めるのか、クラウドファンディングで得たいものは何か（資金、販売ルート開拓、支援者等）、そもそもこのプロジェクトがクラウドファンディングに適しているのか等について、検討します。

プロジェクトの内容が決まれば、概ね次のような流れになります。

① 投稿

どのクラウドファンディングサイトを利用するのか決めて、サイトにプロジェクトを投稿します。投稿の際には、タイトル、目標額、支援者へのお礼（リターン）等を記した企画書の提出が必要です。

② 審査

運営者が、投稿された企画書の審査を行います。

③ 企画の見直しと確認

審査に通ると、運営者のアドバイスや提案を受けながら、企画書をブラッシュアップしていきます。プロジェクトを成功させるためにも、運営者側と密接に連絡を取りながら、完成度を高めていきましょう。

④ プロジェクトの開始

プロジェクトが公開され、資金集めが始まります。

⑤ 広報活動と支援者への活動報告

より多くの支援者からお金を集めるために、ＳＮＳ等を利用してプロジェクトの広報に努めます。また、支援者に対しては途中経過や現状報告を行うようにしましょう。

⑥ プロジェクトの終了・支援者への謝礼

募集期間が終了したら、企画書に基づき、プロジェクトの実現化に向けてスタートします。また、支援者にあらかじめ約束していたリターンを送付します。

なお、②審査では「このプロジェクトが信頼できるものかどうか」が判断の対象となります。審査を通過するためにも、しっかりとした企画書を用意しましょう。

利益を出す

当たり前のように思われる方も多いでしょうが、会社のお金を増やす方法の一つとして、「利益を出す」ことに関して、改めて説明したいと思います。

まず、利益は利益剰余金という形で会社にストックされていきます。この剰余金は会社のお金ですから、必要な時に社長の判断で使うことができます。

そして、この利益をどれだけ増やすかは、自社でコントロールが可能です。

この点が、他のお金の増やし方との大きな違いであり、メリットでもあります。

ここまで融資や助成金・補助金、ベンチャーキャピタル、クラウドファンディングについて説明してきましたが、基本的にこれらは「他人次第」のお金です。いずれも審査があり、必ず通るとは限りません。とくに助成金・補助金は、実施期間が限られていたり、制度自体が実施されない場合もあります。つまり、自社でコントロールできないのです。

さらに融資を申し込む際は、金融機関は個人保証を求めます。利益を出すことができず、会社にお金がなければ、経営者個人が手当をしなくてはなりません。そもそも会社が利益を出さなければ、借り入れた分を返済できなくなります。

ただし、借金が絶対的に悪いというわけではありません。借金は会社のお金を増やすための正当な手段の一つです。一方で、会社が確実に「利益を出し続ける体質」を作っていくことが重要なのです。

ポイント❷ 計画があって初めてお金は増える

◢「格付け」には「定量的評価」と「定性的評価」がある

最初に説明したように、融資や補助金・助成金制度等を活用して資金調達を行う際には、何のためにそのお金を使うのか、目的や考え方、計画等を社外に説明する必要があります。

とくに銀行から融資を受ける際には、計画書の内容が重要となります。

銀行は会社への融資を実施するか、金利をどの程度にするのか等を、その会社の「格付け」から決定します。格付けとは、いわば銀行によって行われる会社の「ランク付け」であり、その主な判断材料となるのが、会社が提出する決算書と計画書です。

決算書は、その会社の財務状況が堅実であるかどうかを裏付ける証拠となります。

計画書は、その会社の事業成長のイメージや、資金の返済が見込めるか等の判断に用いられます。つまり、銀行はその会社が現在どのような状態にあるのか、これからどのように変わっていくのかを、これらの書類に基づいて評価するのです。

格付けを行う際の評価には、「定量的評価」と「定性的評価」の2種類があります。定量的評価とは、決算書に表れた過去および現在の財務状況に対する評価です。その会社の収益性（すなわち稼ぐ能力）、会社の成長ないし業績の伸び具合、また融資等の借金を返済する能力等が評価の指標となります。

定量的評価が実績値に基づく評価であるのに対し、定性的評価は計画書の内容を参考にした「期待込み」の評価であると言えます。定性的評価では、マーケットの規模に加え、その企業の競争力や同業者との競合状態、経営方針や経営基盤、株主の構成や取引先（販売・仕入先等）、経営者本人の個人資産力や資質（管理能力や運営能力、事業の経歴・経験等）、従業員のモラル（倫理観・道徳意識）と構成等、数値では表すことが難しい要素が評価の対象となります。

多くの銀行が格付けを行う際にまず重視するのは、実績値であり、数値をもとにした定量的評価です。しかし、定量的評価のみでの判断が難しい場合は、定性的評価が用いられます。

これまで多くの銀行において、定性的評価は定量的評価に比べると補助的な位置づけにありました。評価のウェイトもあまり重くはなかったため、決算書の数字が悪く、定量的評価のポイントが低ければ、低い格付けしか与えられてきませんでした。

しかし最近では、定量的評価だけではなく、定性的評価も用いて格付けを行う方向に変化しつつあります。定性的評価のポイントを上げ、格付けを上げて融資を受けられるようにするためにも、しっかりした計画書を作成しましょう。

◢計画書作成の押さえ所

「資金調達のために計画書が重要なのはわかった。でも、どのようなポイントに気をつけて作成すればいいのか？」

そのような疑問に答えるため、先述した定性的評価の内容を踏まえたうえで、銀行等に融資を申請する際に提出する計画書について説明します。

計画書に記載しなければならない項目は、創業時の借入で利用する計画書の項目をもとにイメージしてみてください。

①事業プランの名称

②起業に至った動機や目的・背景

③経営者の経歴・経験。事業に取り組むにあたり「強み」となる事項

④財務計画

・開業後の売上、経費、利益の見通し（損益計画）

・資金繰りについての見通し。必要な資金（設備資金・運転資金）とその調達方法（借入・自己資本）

・事業投資の目標

⑤ビジネスモデル（どのような顧客に、どのような商品・サービスを提供し、どの程度のコストをかけて、どの程度の収益を上げていくのか）の大まかな内容

⑥販売戦略・販路拡大の方法

⑦取り扱う商品・サービス

⑧想定される顧客層、マーケットの規模

⑨事業のコンセプト（顧客層の抱えるニーズ、現在どのような課題があるか）

⑩ ニーズや課題を本事業でどのように解決するか
⑪ 事業を進めるにあたって必要となる設備
⑫ 競合他社の商品・サービスとどのように差別化を図るのか（自社商品・サービスのセールスポイント）
⑬ 自社事業のマーケットの規模
⑭ 自社の商品・サービスの販売ルートを開拓する戦略
⑮ どのような体制で事業を進めるのか（大まかな組織図、従業員の人数等）
⑯ 取引先の情報

ポイント❸ 資金調達後にすべきこと

計画を実現化しよう

ここまで、多種多様な資金調達方法について紹介してきました。気づいた方もおられるでしょうが、出資者が会社に求めていること——計画を実現する必要性は、それぞれ異なります。資金を調達するのは計画を実現するためですが、その優先度はやや異なるため、詳しく説明していきます。

銀行、ベンチャーキャピタル、クラウドファンディングからの資金調達の場合

銀行、ベンチャーキャピタル、クラウドファンディングからは「このような計画で事業を行う」と示したうえで資金提供を受けることになります。そのため、計画実現の優先順位は高いと言えます。計画を実現できない場合、資金提供者の信頼を損ない、次の資金調達に繋がらない可能性もあります。

とくに銀行の場合、利益目標（会社が達成しなければならない利益の目標額）をもとに、借入金一覧表を作成します。目標数値に届かなければ、貸し剥がしや金利の変更要求（金利引き上げ）等、返済にあたって＋αの出費が発生するリスクを負うことになります。

ベンチャーキャピタルは、最初の段階では少額の出資が行われることが多いのですが、計画通りに事業を進めることができれば、今後の売上高や営業収益の伸び、ビジネスのスケールの大きさ等から、出資者の信頼と期待を得ることができます。出資額は会社の成長ステージに応じて段階的に増えていく傾向があるため、もし計画が実現できなければ、成長ステージが上がらず、出資してもらえる資金も増えません。

ただし、ベンチャーキャピタルは創業間もない会社や新事業に対して投資することが多いため、計画が１００％実現するとは限りません。最初に立てた計画が実現しなければ、その反省を活かして計画を見直し、「次は○○を主軸に取り組んでいく」等のアクションをとっていく必要があります。この点が、銀行とはスタンスが若干異なる部分です。

クラウドファンディングは投資家だけではなく、一般の消費者が出資する可能性もあります。そのため、ある製品の製造計画を立てて資金集めを行ったものの、それが実現できない結果になると、その製品の完成を期待していた消費者――つまりターゲット層である消費者からの信頼を大きく損ねることになってしまいます。その後、何らかの方法でその製品、または別製品の製造が可能になっても、ターゲット層の信頼度が低下した状態では、売上目標の達成は困難になるでしょう。

助成金・補助金の場合

助成金および補助金は、要件を満たすアクションを行い、その実施結果を報告して初めてお金が支給される制度のため、信頼等の問題ではなく、計画の実現化は手続き上必須と言えます。

計画を実現するために必要なことは、大きく分けて2つあります。

1つ目は、実現可能性のある計画を立てることです。

2つ目は、計画を立てる前段階で自社の現状を客観的に把握し、課題を明確にしておくことです。

なお、2つ目の事項を行うにあたっては、内部環境分析や外部環境分析を行い、数字から読みとる必要があります。詳しい方法は第2章で説明済みです。

◢利益を出し続ける体質をつくる

会社のお金を増やす方法の一つとして「利益を出す」があり、それは自社でコントロールが可能である等のメリットがあると、すでにお伝えしました。

一定の利益を出し続けることができれば、会社の手元にストックできるお金が増えていき、融資をはじめ資金調達策を講じやすくなります。

たとえば銀行融資であれば、利益を出し続けている会社は「格付け」が上がります。先に説明した通り、定量的評価では会社の収益性、成長や業績の伸び具合、返済能力等が評価の指標となります。その判断材料の一つに「自己資本比率」があり、これは会社の総資本に占める純資産の割合のことです（自己資本比率に関しては、第3章で説明済み）。つまり、利益という「返済不要のお金」が多いほど自己資本比率が高くなり、定量的評価が上がって、融資が下りる可能性も高くなる、というわけです。

会社が一定の利益を出し続ける体質になり、銀行からの融資が受けやすくなれば、会社の資金繰りはさらに安定します。そうして問題なく返済を完了すれば格付けが上がり、さらに融資を受けやすくなるという好サイクルに乗ることができるのです。

また、利益を出し続ける体質を作ることで、「先払い」を必要とする資金調達方法にも対応できるようになります。

助成金・補助金は、会社が申請した事業を実施し、支払いを済ませた後に交付されます。たとえば「IT導入補助金を利用して、100万円でホームページを作成する」という計画を立てて、ホームページ制作会社と契約を締結したとします。この場合、制作費用の1／2～3／4以内が補助の対象として戻ってきます。しかし、補助金が交付されるまでは、100万円全額を会社が先に支払わなくてはなりません。

助成金・補助金の対象条件を満たしていても、先払いできるお金がなければ申請ができず、事業がストップしてしまいます。一方、利益を出し続けることで一定のお金が手元にあり、先払いをしても会社運営に支障がないほどの経済的体力があれば、こうした制度をどんどん活用して事業を拡大していくことができます。

利益を出し続ける体質を作る方法については、第4章で詳しく説明しています。

補足資料

1. これは使える！
経営計画のフォーマット

2. これだけは覚えておきたい！
貸借対照表の用語解説

① 中期シミュレーション(例)

	当期	2期後	3期後	4期後	5期後
売上高変動率	143.4%	177.0%	265.5%	354.0%	442.4%
売上原価変動率	110.0%	113.0%	120.0%	120.0%	125.0%
経費変動率	110.0%	113.0%	120.0%	120.0%	125.0%

(単位:千円)

		事業方針	前期	当期	2期後	3期後	4期後	5期後
売上高		毎年10%UPを目標とする	56,504	81,000	100,000	150,000	200,000	250,000
	A事業	業界トップを目指す	56,504	81,000	100,000	150,000	200,000	250,000
	B事業	3年で全社売上の50%にする	0	0	0	0	0	0
	C事業	昨年に続き好調な伸び率をキープ	0	0	0	0	0	0
	D商品	新規需要を開拓する	0	0	0	0	0	0
	E商品	生産中止も視野に入れる	0	0	0	0	0	0
	F商品	A事業との相乗効果を目指す	0	0	0	0	0	0
	その他		0	0	0	0	0	0
売上原価			31,405	34,545	35,487	370,579	39,884	42,396
売上総利益		対売上比で60%を維持する	25,099	46,455	64,513	−220,579	160,116	207,604
販売費及び一般管理費計			23,842	26,226	26,942	28,610	28,610	29,803
	人件費	昇給とともに7%程増	9,408	10,348	10,631	11,289	11,289	11,760
	経費	システム導入を検討する	14,434	15,878	16,311	17,321	17,321	18,043
	その他		0	0	0	0	0	0
営業利益			1,257	20,229	37,571	−249,189	131,506	177,801
	営業外収益	預金を徐々に増加させ、現金を蓄える	24	24	24	24	24	24
	営業外費用	借入金利息で金利7%	15	15	15	15	15	15
経常利益		対売上比で10%を維持する	1,266	20,238	37,580	−249,180	131,515	177,810

			前期	当期	2期後	3期後	4期後	5期後
人員		5年後には、80名体制を構築	5人	10人	7人	10人	15人	20人
一人当り	売上高		11,301	8,100	14,286	15,000	13,333	12,500
	売上総利益		5,020	4,646	9,216	−22,058	10,674	10,380
	経常利益		253	2,024	5,369	−24,918	8,768	8,891
労働分配率			37.5%	22.3%	16.5%	−5.1%	7.1%	5.7%

			前期	当期	2期後	3期後	4期後	5期後
売上原価	仕入商品		31,405	34,545	35,487	370,579	39,884	42,396
	原材料		0	0	0	0	0	0
	外注費		0	0	0	0	0	0
	人件費		0	0	0	0	0	0
	その他		0	0	0	0	0	0
	計		31,405	34,545	35,487	370,579	39,884	42,396

② 当期シミュレーション（例）

売上高変動率	143.4%	105.0%	95.0%	100.0%	100.0%	110.0%
売上原価変動率	110.0%	105.0%	95.0%	97.0%	103.0%	110.0%
経費変動率	110.0%	105.0%	95.0%	100.0%	100.0%	100.0%

（単位：千円）

		前期	当期設定	試算1	試算2	試算3	試算4	試算5
シミュレーション内容			売上高8千万円を設定	前期比で全体的に5%upで試算した場合	前期比で全体的に5%Downで試算した場合	原価が3%Downを想定して試算した場合	原価が3%Upを想定して試算した場合	経常利益をゼロとして売上を調整試算した場合
売上高		56,504	81,000	59,329	53,679	56,504	56,504	62,154
売上原価※		31,405	34,545	32,975	29,835	30,463	32,347	34,546
売上総利益		25,099	46,455	26,354	23,844	26,041	24,157	27,609
販売費及び一般管理費計		23,842	26,226	25,034	22,650	23,842	23,842	23,842
	人件費	9,408	10,348	9,878	8,938	9,408	9,408	9,408
	経費	14,434	15,878	15,156	13,712	14,434	14,434	14,434
	その他	0	0	0	0	0	0	0
営業利益		1,257	20,229	1,320	1,194	2,199	315	3,767
	営業外収益	24	24	24	24	24	24	24
	営業外費用	15	15	15	15	15	15	15
経常利益		1,266	20,238	1,329	1,203	2,208	324	3,776

		前期	当期設定	試算1	試算2	試算3	試算4	試算5
人員		5人	10人	5人	5人	5人	5人	5人
一人当り	売上高	11,301	8,100	11,866	10,736	11,301	11,301	12,431
	売上総利益	5,020	4,646	5,271	4,769	5,208	4,831	5,522
	経常利益	253	2,024	266	241	442	65	755
労働分配率		37.5%	22.3%	37.5%	37.5%	36.1%	38.9%	34.1%

		前期	当期設定	試算1	試算2	試算3	試算4	試算5
※売上原価	仕入商品	31,405	34,545	32,975	29,835	30,463	32,347	34,546
	原材料	0	0	0	0	0	0	0
	外注費	0	0	0	0	0	0	0
	人件費	0	0	0	0	0	0	0
	その他	0	0	0	0	0	0	0
	計	31,405	34,545	32,975	29,835	30,463	32,347	34,546

③　当期経営方針書

当期経営方針書

当期経営方針

当期行動計画

今期目標数字

	トータル	1人当たり
売上高		
売上原価		
粗利益		
人件費		
経費		
その他		
営業利益		
営業外損益		
経常利益		

④　年間経営目標

第 ○ 期 経営目標

■年間目標

年　月～　年　月

（単位：千円）

1　売上高 ………………… ＿＿＿＿＿＿

2　粗利益 ………………… ＿＿＿＿＿＿
（売上総利益）

3　人件費 ………………… ＿＿＿＿＿＿

4　経費 ………………… ＿＿＿＿＿＿

5　その他経費 ………………… ＿＿＿＿＿＿

6　営業利益 ………………… ＿＿＿＿＿＿

7　営業外損益 ………………… ＿＿＿＿＿＿

8　経常利益 ………………… ＿＿＿＿＿＿

社員　年　月　日の時点で　人

新規開拓　件

⑤　経営戦略シート

当期経営戦略シート

優先順位	重点課題	実施項目	達成目標	担当部署	責任者	第○期											
						月	月	月	月	月	月	月	月	月	月	月	月

⑥ 四半期推移表

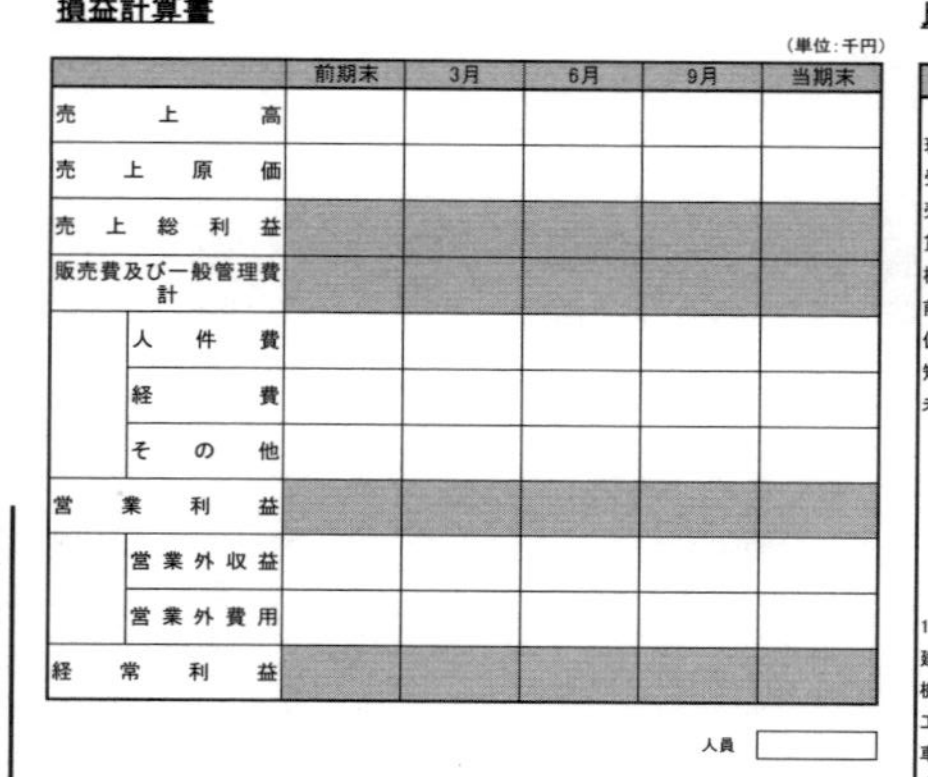

損益計算書

（単位：千円）

		前期末	3月	6月	9月	当期末
売上高						
売上原価						
売上総利益						
販売費及び一般管理費計						
	人件費					
	経費					
	その他					
営業利益						
	営業外収益					
	営業外費用					
経常利益						

人員

比較貸借対照表

単位　千円

資産の部	前期末	3月	6月	9月	当期末
Ⅰ.流動資産 現金預金 受取手形 売掛金 貸倒引当金 棚卸資産 前払費用 仮払金 短期貸付金 未収金 Ⅱ.固定資産 1.有形固定資産 建物 機械 工具器具備品 車両運搬具 土地 その他 2.無形固定資産 電話加入権 営業権 3.投資等 出資金 差入保証金 長期貸付金 長期前払費用 敷金 その他 Ⅲ.繰延資産 開業費 開発費 その他					
資産合計					
計					

負債及び純資産の部	前期末	3月	6月	9月	当期末
Ⅰ.流動負債 支払手形 買掛金 短期借入金 未払金 前受金 割引手形 預り金 仮受金 仮受消費税 未払法人税 未払消費税 その他 Ⅱ.固定負債 長期借入金 その他					
負債合計					
Ⅰ.資本金 Ⅱ.法定準備金 資本準備金 利益準備金 Ⅲ.剰余金 内部留保 当期未処分損失 当期未処分利益					
純資産合計					
計					

貸借対照表の用語解説

●記載されている「資産」と「負債」の種類

貸借対照表に記されている資産と負債は、現金化しやすいか否かによって、それぞれ「固定資産（負債）」と「流動資産（負債）」に分かれています。

「流動資産」

決算日から１年以内に現金化できる資産。現金化しやすい「当座資産」（現金預金、受取手形、売掛金、有価証券等）、すぐには現金化が難しい「棚卸資産」（在庫、仕掛品等）に分かれます。

「固定資産」

決算日から１年以内には現金化できない資産。「有形固定資産」（建物、機械、土地等）、「無形固定資産」（ソフトウェア等）、「投資その他資産」に分かれます。

「流動負債」

決算日から１年以内に支払いや返済の必要がある負債。支払手形や買掛金、短期借入等がこれにあたります。

「固定負債」

決算日から１年以上の期限がある負債。長期借入等がこれにあたります。

貸借対照表では、流動資産 → 固定資産、そして流動負債 → 固定負債と、上から現金化しやすい順に記載されています。その中の小項目も同様です。たとえば、流動資産であれば当座資産（現金預金 → 受取手形 → 売掛金）→ 棚卸資産……の順に記載されています。

これだけは覚えておきたい！

●貸借対照表からわかること

貸借対照表の内容は「資産」「負債」「純資産」の３つに分けることができます。経営者には耳に馴染んだ言葉ですが、それぞれの正確な意味を再確認しておきましょう。

「資産」
会社が何らかの状態で保有する「財産」。現金や、売却すれば会社のお金になり得るもので、現金預金や受取手形等がこれにあたります。

「負債」
会社がどのような方法で資金を調達したかを示す項目。会社の支出に繋がるもので、借入金や買掛金等がこれにあたります。

「純資産」
返済する必要がない、会社の賞味財産（自己資本）。資本金等がこれにあたります。

書面では、資産が左、負債が右の上半分、純資産が右の下半分に記されます。また、左側の資産合計（総資産・総資本）と右側の合計（負債＋純資産）は必ず一致します。

中小企業を応援する士業の会

三好　光果

■税理士・ファイナンシャルプランナー

資金管理や経営管理は大切ですが、日々の資金繰りや経営計画の作成に頭を悩ませている経営者様は多いのではないでしょうか。弊所は代表が銀行出身ですので、銀行員の経験を生かし、会計・税務だけでなく、資金管理・財務改善を重視したサービスを行っております。具体的には、銀行目線での健康診断・決算書の見方、融資戦略の見直し、経営計画策定のご支援等になります。ご一緒に財務を見直してみませんか。お気軽にご相談下さい。

三好税理士事務所

〒156-0045　東京都世田谷区桜上水5-23-11　東海ビル302
TEL：03-6276-3625　FAX：03-6700-1839
E-mail：miyoshi@miyoshi-taxoffice.net　URL：http://miyoshi-taxoffice.net/

室田　昌克

■税理士

大学卒業後、複数の企業の財務部門で国内外の税務業務に加え、資金繰り・資金調達、経営計画策定及びM&A業務に携わり、その後、税理士法人及び税理士事務所において法人・個人の税務業務及び相続税の申告に携わる。その後、独立開業して現在に至る。
「成長経営の羅針盤」として会社のお金の流れの見える化（管理会計）、経営計画策定、資金繰り・資金調達といった「財務」サポートを提供している。

Biz Bloom経営会計事務所

〒534-0027　大阪府大阪市都島区中野町2-1-16　寺地ビル３階
TEL：06-4397-4410　FAX：06-4397-4410
E-mail：masakatsu.murota@bizbloom-tax.com　URL：https://bizbloom-tax.com/

岡田　悦子

■税理士

業界大手の税理士法人出身。税務に限らず様々な知見をもとに、これまで多くの企業様の事業発展に寄与。「お客様の事業発展に寄り添う事が税理士としての存在価値である」を信念に、クライアントの黒字化に尽力する。
認定支援機関として多くの企業の事業計画支援や資金繰り改善を提案し、ノウハウを蓄積。実現可能性の高い事業計画を作成することで、金融機関からスムーズな融資を実現させます。

岡田税理士事務所

〒466-0022　愛知県名古屋市昭和区塩付通7丁目12-102
TEL：052-875-5607　FAX：052-875-5608
E-mail：okada@okada-tax.co.jp　URL：https://okada-tax.co.jp/

土屋　元人

■公認会計士・税理士

TAO税理士法人代表社員。「親身の相談相手」をスローガンに、湘南地域で創業39年。TAOマネジメントグループとして、TAO税理士法人の他、TAO社会保険労務士法人、湘南経理代行株式会社、株式会社湘南財産コンサルタンツ、相続支援センターを抱え、様々なサービスをワンストップで提供。時流に合わせたセミナー・無料相談会を随時実施。主な著書（TAO税理士法人著）に『金融パーソンが押さえておくべき　相続・事業承継のツボ』。

TAO税理士法人

〒251-0025　神奈川県藤沢市鵠沼石上1-1-15　藤沢リラビル
TEL：0466-25-6008　FAX：0466-25-6968
E-mail：tao@tao.or.jp　URL：https://www.tao.or.jp/

木村　金藏

■税理士・行政書士

上野で開業して50年間、中小企業の社長様へ経営の原則を指導し続けています。会社の業績に応じた資金運用のアドバイスや、毎期の経営計画の作成も行っています。私はいつも経営者の皆様には「経営の3原則」というものをお伝えしています。①売上高を増やす、②売上原価を下げる、③固定費用を下げる、ことです。さらに財務面でも、①損益計算書の読取り方、②貸借対照表の使い方、③財務分析表の意味、なども指導し、中小企業の成長を一緒につくっていきます。

木村金藏税理士事務所

〒110-0015　東京都台東区東上野1-13-7　第二横井ビル3階
TEL：03-3831-7252　FAX：03-3831-6213
E-mail：info@kinzou.com　URL：https://www.kinzou.com/profile/index.html

藤垣　寿通

■税理士・中小企業診断士・行政書士・キャッシュフローコーチ

2015年に藤垣会計事務所を設立。税理士、中小企業診断士、行政書士のトリプルライセンスを活かし、税務の枠を超えて経営者の本業の発展に貢献すべく経営コンサルティングを行っている。「お金と理念は経営の両輪である」の考え方のもと、「お金の流れの見える化」と「ビジョンの策定」をサポートしている。多くのクライアントのお困りごと解決をお手伝いしてきた経験を活かしてのパートナー型コンサルティングには定評がある。

藤垣会計事務所／株式会社ＴＫコンサルティング

〒500-8367　岐阜県岐阜市宇佐南2-5-5
TEL：058-215-1030　FAX：058-215-1031
E-mail：t.fujigaki@oboe.ocn.ne.jp　URL：https://fujigaki-tax.com/

辻本　聡

■代表税理士・経営支援責任者

2017年創業。「中小企業の継続、発展を支える」を使命とし、20年近く企業の財務向上業務や事業承継支援業務に携わり、地元の金融機関やその他関係機関と連携して中小企業の支援を行っている。特に経営者の目指す会社のビジョンを明確にし、そのビジョンを基礎とした事業計画の作成支援と意思決定の基準となる数値的目安を提供することで多くの依頼を受けている。また、経営塾では事業計画作成支援員として中小企業経営者を支えている。

辻本税理士事務所／トリプルスマイル株式会社

〒810-0001　福岡県福岡市中央区天神1-2-4　農業共済ビル4階
TEL：092-406-8077　FAX：092-406-8079
E-mail：info.tsujimoto@snow.ocn.ne.jp　URL：https://tax-tsujimoto.com/

嶋田　庄吾

■公認会計士・税理士　代表社員

2018年、S&1グループを設立。税務業務を中心として経営支援、不動産コンサルティング、人材紹介を展開。「経営者に寄り添う存在になる」をモットーに、それを実現させるために経営者のあらゆる悩みに応えたいとワンストップサービスを実現している。
記帳、申告だけの業務ではなく、経営者が意思決定するに足る決算書の説明、経営者の夢を叶える事業計画作成には定評がある。

税理士法人S&1パートナーズ

〒135-0004　東京都江東区森下2-1-2　シルバースティック201
TEL：03-6659-4555　FAX：03-6659-4557
E-mail：info@s-1partners.co.jp　URL：http://s-1group.com/

小屋敷　順子

■税理士

父の代から50年続く税理士事務所です。中小企業は1年間借入ができないと、資金繰りがうまくいかず大変なことになります。そのため、税金対策だけでなく、経営者の迅速かつ的確な資金確保ができる決算書を作成する必要があります。あなたの会社の決算書は、銀行、経営審査、税務署など、どちらを向いて作られていますか？　さらに決算時には、現金預金残も大事になってきます。全てをうまく回しながら、会社に利益を残しましょう！

小屋敷順子税理士事務所

〒862-0924　熊本県熊本市中央区帯山5丁目21-1
TEL：096-383-4646　FAX：096-383-1904
E-mail：s.sakuma0428@gmail.com　URL：https://www.koyashiki.com

尾崎　覚

■税理士・経営財務コンサルタント

多くの経営者様に月次決算、経営計画、資金調達などをサポートし、財務のセカンドオピニオンの立場としてもアドバイスをさせて頂いています。経営を財務の面から強化し、社員の皆さんを守るためにも足腰の強い、潰れにくく、儲けやすい体質の会社にしていくことが大切です。そのためには、財務の数字で現状を理解し、どういう会社にしていきたいか経営目標を掲げましょう。あなたのビジネスが加速します。

尾崎税理士事務所

〒103-0026　東京都中央区日本橋兜町19-8　八重洲ＫＨビル4F
TEL：03-5643-7760　FAX：03-5643-7761
E-mail：info@ozakizeimu.com　URL：https://ozakikaikei.com

尾﨑　充

■代表社員

法人顧客約400社への創業、資金繰り改善、黒字化支援、株式公開、事業承継、企業再生、マザーズ～東証一部までの上場支援実績があります。また、年約400人の個人顧客の確定申告～相続、資産税対策等の通算30年の実績と経験があります。株式公開答申書、事業承継、相続税、不動産、資産税関係書籍等の著書も多数あるため高い業務品質で創業～上場支援、法人税～資産税、資金繰り改善支援まで深度ある業務を提供しております。

アクティベートジャパン税理士法人／株式会社アクティベートジャパンコンサルティング
東京事務所：〒162-0825　東京都新宿区神楽坂3-2　神楽坂Kビル7階
横浜事務所：〒221-0834　神奈川県横浜市神奈川区台町17-1　マストビル8階W2号室
さいたま事務所：〒336-0017　埼玉県さいたま市南区南浦和2-36-11　カトレヤビル5階
TEL：03-6261-1180
E-mail：info@activatejapan.jp　URL：https://www.activatejapan.jp/

楢山　直孝

■代表社員税理士

昭和62年生まれ。帝京大学大学院経済学研究科博士前期課程修了。東京都内の会計事務所に勤務後、地元盛岡へUターン。平成29年に税理士資格を取得。二代目であり先代である父から事業を引き継いだ経験から、経営者としての悩み（売上・資金繰り・人事関係）に加え、後継者支援にも有益な情報提供を心がけている。

智創税理士法人　盛岡事務所

〒020-0066　岩手県盛岡市上田3-14-11
TEL：019-654-0606　FAX：019-654-0085
E-mail：narayama@narayama.com　URL：https://www.narayama.com

荻野　岳雄

■代表税理士

税理士・司法書士・社会保険労務士・不動産鑑定士・中小企業診断士・行政書士等の専門家集団に加え、システム技術者・ファイナンス専門担当等によりJNEXTグループを構成しております。そのため、企業・経営者の税務・労務・法律・経営・相続等、解決できる問題は多方面に及びます。JNEXTグループはこれらの問題解決のサポートをさせていただきたいと考えております。

税理士法人　JNEXT

〒170-0013　東京都豊島区東池袋3-23-13　池袋KSビル7F
TEL：03-5960-3665　FAX：03-3590-1865
E-mail：ogino@z-jnext.jp　URL：https://www.z-jnext.jp/

米田　明広

■社員税理士

これまで不動産関連業をはじめ約500社の経営指導に携わり、個人事業主から年商100億円規模の法人まで、そのサポート範囲は多岐に渡る。2020年、小樽商科大学・大学院アントレプレナーシップ専攻にてMBAを取得。税務会計分野だけでなくマーケティングや経営戦略等の幅広い課題解決に取組んでいる。現在はYouTube【あすか税理士法人チャンネル】にて、定期的に税務会計や経営に役立つ情報を発信している。

あすか税理士法人　本店／大通Testa

〒060-0042　北海道札幌市中央区大通西14丁目1番14号　NEO.BLD.2F
TEL：011-280-0022　FAX：011-280-0033
E-mail：asukatcorp@tkcnf.or.jp　URL：https://asukasupport.com/

岩下　誠

■社員税理士

大学卒業後、IT企業に就職しシステムエンジニアとして約4年間従事したが一念発起して税理士試験に挑戦。39歳で税理士資格を取得後、千歳事務所にて社員税理士として勤務する傍ら札幌学院大学大学院にて非常勤講師を兼務する。千歳市、恵庭市など札幌市近郊を中心に、個人事業主から中小零細企業、さらに上場子会社を顧問先として、税務会計や経営に役立つ情報を発信し、地域No.1事務所を目指して職員一丸となって奮闘中。

あすか税理士法人　千歳支店

〒066-0062　北海道千歳市千代田町2丁目15番　MARU A BLDG.2F
TEL：0123-40-1200　FAX：0123-40-1212
E-mail：asukatcorp@tkcnf.or.jp　URL：https://asukasupport.com/

石田　政士

■社員税理士

大学卒業後、一般企業の営業職に就くが、様々な得意先と関わるうちに経営や税にも興味を持つようになる。営業職を4年間勤めた後に一念発起し退職。税理士試験の勉強に2年間充てた後、会計事務所に勤務。その後、一般企業での経理・総務を経て2015年、あすか税理士法人に入社。2018年からは苫小牧事務所支店長に就任。大学院では信託法と民法（遺留分）及び相続税法の交差について研究。相続申告にも明るい。

あすか税理士法人　苫小牧支店

〒053-0032　北海道苫小牧市緑町2丁目19番16号
TEL：0144-84-1411　FAX：0144-84-1433
E-mail：asukatcorp@tkcnf.or.jp　URL：https://asukasupport.com/

袖山　眞左史

■所長税理士

2019年、神田で50年の歴史のある袖山税務会計事務所を引き継ぎ、袖山眞左史税理士事務所を開業。前職は、東京国税局において、約27年間、日本のリーディングカンパニーの税務調査をはじめ、国際税務における調査の企画・立案・実行支援・調査指導等の部署を歴任。国税局における調査のスペシャリスト。現在も、国税局・税務署等の税務調査の立会を数多く行っている。

袖山税務会計事務所

〒101-0054　東京都千代田区神田錦町2-7　乾ビル6階
TEL：03-6811-0390　FAX：03-6811-0391
E-mail：sodeyama@so-de.jp　URL：http://masashinobu.ne.jp/

長島　良亮

■公認会計士・税理士・行政書士

最先端の会計税務・労務を駆使し、知恵と発想の転換で、わかりにくい問題にわかりやすい解決をすることにより、お客様の成長発展をサポートすることが当社の存在意義です。企業経営、医業経営、公益法人、社会福祉法人、相続、労務、M＆Aなど幅広く対応させていただきます。

さいたま税理士法人

〒330-0061　埼玉県さいたま市浦和区常盤4-16-2
TEL：048-835-3311　FAX：048-826-0610
E-mail：info@saitamatax.jp　URL：http://saitamatax.com

鈴木　満

■税理士

1975年12月14日生まれ。大学卒業後、建設コンサルタント会社に就職。税理士を目指して退職後、10年間の税理士法人勤務を経て2015年に鈴木満税理士事務所開業。『ご縁を大切にする』をモットーに、総合的な税務コンサルティングを提供。2021年から新たに「財務部門」を立ち上げ、金融機関勤務経験者をスタッフに迎えて財務改善・資金繰り・事業計画の専門的な相談サービス提供体制を整え、伴走型の顧客サポートを展開する。

鈴木満税理士事務所

〒420-0816　静岡県静岡市葵区沓谷一丁目5-16
TEL：054-247-2903　FAX：054-247-6766
E-mail：mitsuru.suzuki@belltax.jp　URL：https://www.belltax.net

西原　弘

■代表取締役

社外の経営企画室長として、「社長がドライバー、自分はナビゲーター」の立ち位置で、日々の問題解決から人材育成、新規事業、SDGs、100年企業づくりまで、サステイナブル経営を支援。また、公的資金ナビゲーター®として、会社と社長の「望ましい未来」を実現するヒト・モノ・IT等への成長投資を、補助金・助成金・税制優遇といった公的資金活用と融資獲得で支援。2014年～累計支援成果2億円以上、2017年～認定経営革新等支援機関。

有限会社サステイナブル・デザイン

〒156-0052　東京都世田谷区経堂2-15-15-205
TEL：03-6804-4861
E-mail：welcome@csd-e.com　URL：https://keieinavi.jp/　https://sustainabilityaction.jp/

市川　亮平

■社員税理士　蒲郡事務所所長

横浜国立大学経営学部を卒業。その後、東京の大手税理士法人を経て、税理士法人ひまわり蒲郡事務所の所長として社員税理士に就任。
就任当初よりクラウド会計によるバックオフィス業務の削減や経営計画の立案に注力し、現在はMAS監査による中小企業の経営改善の支援を行っている。

税理士法人ひまわり　蒲郡事務所

〒443-0022　愛知県蒲郡市三谷北通二丁目40番地
TEL：0533-68-0072　FAX：0533-68-0153
E-mail：r-ichikawa@tax-himawari.or.jp　URL：https://tax-himawari.or.jp/

吉田　雅一

■代表社員

創業55年の税理士法人。年商３億円以下のスモールビジネスを専門とする。経営計画と利益アップコンサルティングを業務の柱とし、老舗のノウハウと最新のマーケティング手法を駆使し、経営全般をサポートする。

L&Bヨシダ税理士法人

〒950-0941　新潟県新潟市中央区女池4-18-18-3F
TEL：025-383-8868　FAX：025-383-8228
E-mail：yoshida.tax.2011@gmail.com　URL：https://www.yoshida-zeimu.jp/

江成　結己

■公認会計士・税理士

2021年、税理士法人エナリ横浜事務所所長に就任。新規創業・起業者向けに税務顧問、創業融資支援、事業計画策定支援を中心にサービス提供を行い、年間100件を超える創業起業に関する相談を受けている。また、経営者が売上を増やす活動に集中できるよう管理業務の効率化にも取り組んでいる。効率化のツールとして、マネーフォワードやfreeeなどのクラウド会計を積極的に導入しており、クラウド会計の導入実績は神奈川県内トップクラス。

税理士法人エナリ

〒220-0012　神奈川県横浜市西区みなとみらい3-7-1 Wework内
TEL：0465-24-3311　FAX：0465-22-9880
E-mail：info@enari-brain.com　URL：https://www.enari-brain.com/

横山　典久

■税理士

大学を卒業後、医療系の営業職に就いていたが、税理士を志し2016年税理士登録。勤務していた税理士法人では、その経験を活かし、医療系を中心に税務会計の経験を積んできた。2017年に父親の営む税理士事務所に入所してからは、医療系のみならず、また、個人、法人を問わず多種多様の業種の税務会計の経験を積んでいる。なお､特定の領域に拘ることなく､様々な業種の様々なニーズに対応できるようにしている。

横山会計事務所

〒464-0067　愛知県名古屋市千種区池下一丁目4-18　井上ビル4階
TEL：052-762-0107　FAX：052-762-1006
E-mail：n.yokoyamakaikei@gmail.com　URL：http://www1.odn.ne.jp/～hbe58700/

佐藤　誠司 ■代表社員　税理士
佐藤　洋平 ■代表社員　税理士・公認会計士
石塚　英理 ■税理士
尾形　直昭 ■中小企業診断士

当税理士法人は岩手県を拠点として創業40年以上、中小企業・個人事業の経営者様の信頼を積み重ね、令和3年に青森事務所を開設致しました。税理士、行政書士、中小企業診断士が在籍し、キャリアを積んだスタッフが豊富なため、確実で信頼性のある税務申告代理はもちろんのこと、経営診断・相続贈与・事業承継・資金繰りなど、様々なニーズに対応するため、専門家として、お客様にとって最も良い解決方法をご提供できるよう日々邁進しております。

佐藤税理士法人

〒020-0866　岩手県盛岡市本宮二丁目3番30号士業の森ビル
TEL：019-635-3911　E-mail：info@za-nt.co.jp
URL：http://www.za-nt.co.jp

佐藤税理士法人　青森事務所

〒039-2131　青森県上北郡おいらせ町向川原3-11
TEL：0178-50-6100　E-mail：info-aomori@za-nt.co.jp
URL：http://www.za-nt.co.jp

中路　健一

■公認会計士　税理士　経営革新等認定支援機関

監査法人・コンサルティング会社で勤務後、2010年、なかじ総合会計事務所を開設。京都・滋賀を中心に、【創業期の資金繰りや事業計画作成】と【成長期の資金調達・M&A】を300件以上手掛けております。
滋賀県再生支援協議会での勤務経験があり、【停滞期の事業再生・金融機関とのリスケ交渉】の豊富な経験・ノウハウも有しております。
「スピードとわかりやすさ」をモットーに、経営者の様々なお悩み・困りごとを解決します。

なかじ総合会計事務所

〒525-0032　滋賀県草津市大路2-1-41　太田ビル204
TEL：077-598-6151　FAX：075-204-2506
E-mail：info@stalabo.jp

石川　裕一

■代表社員

相続・事業承継専門事務所として、2018年独立、2021年行政書士法人設立。民事信託と後見制度に精通する数少ないスペシャリストとして、高難度案件を積極的に受任する。補助金等申請、融資サポート、事業計画・経営計画作成、キャッシュフロー経営支援により、日々の資金繰りや経営、ビジョン達成をサポートする社外CFOとしても高い評価を得ている。
キャッシュフローコーチ®　SP融資コンサルタント　認定経営革新等支援機関

行政書士法人 エール&パートナーズ

〒101-0027　東京都千代田区神田平河町１番地 第３東ビル６階
[資金調達・経営相談専用窓口]
TEL：090-5755-4121　FAX：03-6869-3665

山本　孝之

■公認会計士・税理士

「会計・税務を通じて顧客の未来を創造する」を経営理念とし、お客様の事業の成長を第一に考え、日々努めております。つまり、会計・税務といった専門分野はお任せいただき、お客様には経営に専念していただくことが成長への近道と考えています。財務支援もその一環として行っています。お客様の財務を支援することにより、資金面での心配をなくし、経営に専念できる環境を整えます。まずはお気軽にご相談ください。

山本孝之公認会計士事務所

〒222-0033　神奈川県横浜市港北区新横浜3-19-11加瀬ビル88-1002
TEL：045-534-9473　FAX：045-534-9474
E-mail：info@yamamoto-cpa.com　URL：https://yamamoto-cpa.com/

平塚　喜一

■代表理事・税理士・財務金融アドバイザー

2004年、税理士事務所を開業。中小企業の税務及び経営支援業務を中心に活動。ファミリービジネスである中小企業の永続的な発展を願い経営承継支援を展開。

2020年に「一般社団法人 戦略経営促進機構」を設立し代表理事に就任。

経営戦略理論に基づき経営管理会計とDX経営を促進している。

2014年より中小企業大学校（仙台校）講師（経営革新等支援機関の実務研修）

一般社団法人　戦略経営促進機構

〒980-0811　宮城県仙台市青葉区一番町1丁目4番30号　さのやビルディング7階
TEL：022-395-8515　FAX：022-211-6008
E-mail：k.h@psm.or.jp　URL：https://psm.or.jp

坂井　孝能

■税理士

2000年、坂井孝能税理士事務所を開設。飲食店を中心とした関与先は経営アドバイスにより赤字体質から黒字体質への変換事例多数あり。とりわけ銀行融資業務での融資成功率は98.1%を誇っており、2年連続の営業利益が赤字の飲食店でも運転資金500万円の融資に成功、売上高が前年比120%になった和食店などの実績がある。当事務所のサービスである「キャッシュフローの番人」の導入により多数の資金繰り改善を実現している。

坂井孝能税理士事務所

〒485-0044　愛知県小牧市常普請1-250
TEL：0568-41-7348　FAX：0568-41-7358
E-mail：sakai@setsu-zei.jp　URL：http://komaki.q-tax.jp

市原　和洋　■代表社員／代表取締役社長 税理士
陣内　正吾　■代表社員／取締役専務 税理士

コロナショックにより中小企業は「ヒト・モノ・金・情報」すべての経営資源を見直し、事業戦略を描き直す必要に迫られています。TOMAは経済産業大臣が認定した「認定経営革新等支援機関」として、1,000社以上の経営支援で培った経験とノウハウで、資金調達・財務改善・事業計画策定を強力にサポート。経営・税務会計・事業承継・M&A・人事労務・業務改善・行政手続き等、200名の専門家がV字回復に向けたアドバイスをご提供します。

TOMA税理士法人／TOMAコンサルタンツグループ（株）

〒100-0005　東京都千代田区丸の内1-8-3 丸の内トラストタワー本館3F
TEL：03-6266-2555　FAX：03-6266-2556
E-mail：toma@toma.co.jp　URL：https://toma.co.jp

福島　美由紀

■代表社員

2002年開業。クラウド会計を活かした業務改善や、会計視点から経営戦略を一緒に考え、ビジョンを明確にした経営計画を策定し、会社の成長、再建をご支援します。『Always By Your Side』をコーポレートメッセージに掲げ、経営革新等支援機関である福島会計が資金調達相談から経営助言まで幅広い範囲で課題を解決致します。著書に清文社発行「コロナ禍からの立ち直り 財務再建・事業再生ロードマップ」等

税理士法人福島会計

〒101-0062　東京都千代田区神田駿河台3-6-1菱和ビルディング3F
TEL：03-3526-2636　FAX：03-3526-2637
E-mail：miyuki27@fukushima-ta.jp　URL：https://www.fukushima-ta.jp/

安達　勉　■税理士
新部　隆史　■税理士・行政書士

企業経営の厳しさが増している今、中小企業の求める会計事務所像も時代を反映して大きく変化しています。今こそ本当の意味で中小企業の生き残りをサポートし、永続・発展をサポートする会計事務所が必要です。一度の来社で様々なご要望に応えられる組織となっておりますので、ぜひ相談にご来社ください。

あすか中央税理士法人／株式会社江口経営センター

〒940-0083　新潟県長岡市宮原3-12-16
TEL：0258-35-8760／0258-35-3146　FAX：0258-36-8822
E-mail：keiei@eguchikeieicenter.co.jp
〒950-0962　新潟県新潟市中央区出来島6-13
TEL：025-280-9881　FAX：025-280-9850
E-mail：keiyuu-niigata@au.wakwak.com
URL：http://www.eguchikeieicenter.co.jp

著者・監修者紹介

広瀬元義（ひろせ・もとよし）

株式会社アックスコンサルティング　代表取締役
1988年株式会社アックスコンサルティングを設立。会計事務所向けコンサルティング、一般企業の経営支援、不動産コンサルティングを中心にさまざまな事業を展開。会計事務所マーケティングの第一人者。米国会計事務所マーケティング協会の正式メンバー。米国HR TECH事業に詳しく、ブーマーコンサルティングタレントサークル正式メンバー。『あぁ勘違い!! 社長が決める「給与」と「評価」の作り方』『9割の社長が勘違いしている資金調達の話』『従業員を採用するとき読む本ーその採用の仕方ではトラブルになる!!』（あさ出版）、『従業員のパフォーマンスを最大限に高める エンゲージメント カンパニー』（ダイヤモンド社）ほか、著書は50冊超、累計発行部数は50万部を超える。

●株式会社アックスコンサルティング
〒150-0013　東京都渋谷区恵比寿 1-19-15　ウノサワ東急ビル 3 階
TEL：03-5420-2711　FAX：03-5420-2800
E-mail：accs@accs-c.co.jp　URL：https://www.accs-c.co.jp/

著者紹介

中小企業を応援する士業の会

中小企業の成功と発展を全力でサポートする専門家集団。継続的な黒字発展のための税務・会計・手続・労務にまつわる整備をサポートはもちろんのこと、会社経営の問題解決にも積極的に取り組んでいる。

緊急事態回避!!
資金繰りがよくなる経営計画の作り方　〈検印省略〉

2021年　8　月 18　日　第　1　刷発行

著者・監修者―広瀬元義（ひろせ・もとよし）
著　者――― 中小企業を応援する士業の会
発行者――― 佐藤和夫

発行所――株式会社あさ出版
〒171-0022 東京都豊島区南池袋 2-9-9 第一池袋ホワイトビル 6F
電　話　03 (3983) 3225（販売）
　　　　03 (3983) 3227（編集）
F A X　03 (3983) 3226
U R L　http://www.asa21.com/
E-mail　info@asa21.com
印刷・製本 神谷印刷(株)

note　http://note.com/asapublishing/
facebook　http://www.facebook.com/asapublishing
twitter　http://twitter.com/asapublishing

ISBN978-4-86667-296-0 C2034